現役審査員による集中レッスン

秘書検定 2・3級
最短合格
テキスト&問題集

秘書検定面接審査員
髙畠真由美 著

ナツメ社

はじめに

　私が秘書検定を受験したきっかけは、就職活動で参加した会社説明会でした。数百名の学生を前に説明をする秘書課の女性社員の姿を見たときです。輝く笑顔で生き生きと仕事をする姿に憧れ、「あの人のようになりたい！」と思ったのです。秘書検定合格後、会長・社長秘書になり、そこでの経験と知識は、その後の営業や研修講師の仕事でも、おおいに役立ちました。

　社会人として必要なマナーや技能を身につけられる秘書検定を1人でも多くの方に受けていただきたいと願って著したのが本書です。

　勉強とアルバイトの両立で忙しい学生や、残業続きで勉強時間の少ない社会人など、勉強時間を多くとれない方のために、短期間で合格できるよう、以下のような工夫をしました。

１．イラストや図解が豊富
　言葉だけで覚えようとすると、すぐに忘れてしまいますが、頭の中でイメージすると記憶に残りやすくなります。文章だけでなく、イラストや図を豊富に用いて解説することで、記憶に定着し理解を深められるようにしました。

２．効率のよい学習法
　問題を解く（アウトプット）ことで、記憶に残り（インプット）ます。アウトプットとインプットを同時に行い、勉強時間を短縮できるように、単元ごとに解説と問題をセットに構成しました。また、勉強時間のメリハリがつけられるように、検定での配点を意識した問題の重要度を明記。この重要度に沿って、効率のよい学習スケジュールを立てて勉強してください。

　私は秘書検定の資格を取得したことで、さまざまな夢を実現することができました。次はあなたが秘書検定に合格し、夢を実現させる番です。本書をおおいに活用し、合格されることを心から願っています。

髙畠　真由美

本書の特長と使い方

本書は、秘書検定2級・3級合格を目指す人のためのテキスト＆問題集です。
イラストや図を交えながら効率的に楽しく学習できるように、見開き2ページ（一部3ページ）構成で合格するために必要な要点をまとめて掲載しました。

頻出度

過去問題を分析し、各節の頻出度を☆で表示しました。

★★★ →最も重要。頻出度が高いため確実に覚えておきましょう。

★★ →重要。学習し、用語や文書はしっかり押さえておきましょう。

★ →頻出度は高くありませんが、学習しておきましょう。

秘書のNG・OK対応

テーマごとに秘書として間違っている対応、正しい対応をイラストで紹介しています。
イラストで視覚的に理解し、次から始まる解説を通して、理解を深めていきましょう。

登場人物

- 新人秘書A子
一生懸命だが、失敗ばかりしてしまうおっちょこちょいな秘書。

- 先輩秘書B子
上司からの信頼が厚い頼れる先輩秘書。

テキスト解説

5 社交文書と慣用語句

合格のPoint 慣用語句とは場面に応じて使われる「決まり文句」のこと。漢字を書く問題も出題されるため、読み・書きができるようにしましょう。

Lesson 月と季節の組み合わせ、正しいのは…

月と季節の組み合わせはよく出題されます。実際に体感する季節とは少し異なるので、自分の感覚ではなく、組み合わせをしっかり覚えましょう。

 社交文書の種類と注意点　　重要度 ★★★

社交文書は取引先などと良好な関係を保つために必要な文書です。種類ごとの注意点を押さえておきましょう。社交文書や私信では文書番号はつけません。

種類	目的	注意点
あいさつ状	転勤、異動、開設などのお知らせ	社員交代の場合は前任者と後任者のあいさつを同時にする
礼状	相手に感謝の意を伝える	好意や援助を受けたらすぐに出す
見舞状	災害、事故、病気などを見舞う	状況を確かめて出す タイミングを考える 前文は書かない
慶弔状	お祝いやお悔やみ 直接述べることができないときに電報や手紙で出す	お悔やみ状は前文を書かない 忌み言葉（縁起が悪いとして避ける言葉）は使わない
紹介状	人物を紹介する	目上の人宛て：封書にして封はしない 目下の人宛て：自分の名刺に紹介文を書くこともある

練習問題

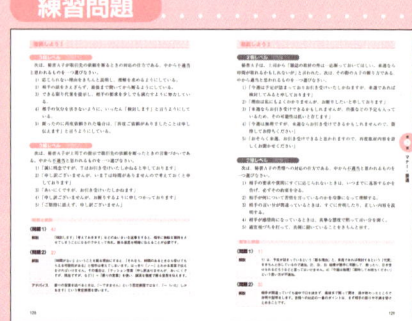

各節の復習として、2級・3級の練習問題「確認しよう！」を用意。本番の試験でケアレスミスをしないよう、解答・解説に加え、「アドバイス」や「問題の傾向」を設けました。問題に慣れて、本番の試験に備えましょう。

重要度

過去問題を分析し、節の中でも各項目の重要度を☆で表示しました。

★★★ →最重要。必ず覚えておきたい項目です。

★★ →理解して押さえておきたい項目です。

★ →重要度は高くありませんが、覚えておきたい項目です。

🌐 →過去20回の試験問題を分析した結果、複数回出題されている重要度の高い用語です。
繰り返し学習しておぼえましょう。

赤シート

重要単語や練習問題の解答は赤字表記となっているため、付属の赤シートを使った暗記学習にも活用できます。

模擬問題

巻末に本試験を想定した模擬試験1回分を収録。本書で学習したことが身についているか確認することができます。2級向けの問題ですが、3級にも対応しているため、どちらの級を目指す人でも取り組める内容です。

別冊

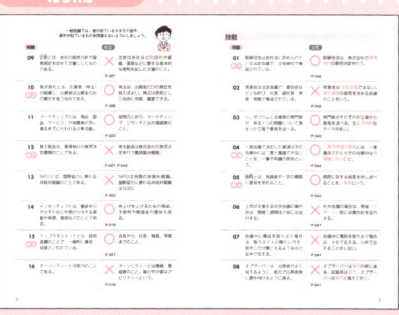

○×で答える一問一答形式の問題を収録。頻出問題やケアレスミスしやすい問題を厳選した、取り外して持ち運べる冊子です。
試験直前の最終チェックに活用しましょう。

Contents

はじめに ……………………………………… 3
本書の特長と使い方 ………………………… 4
秘書検定とは ………………………………… 8
学習のポイントと進め方 …………………… 10

第1章　一般知識

1 常識としてのカタカナ語 ……………… 18
2 常識としての基本用語 ………………… 22
3 組織と経営管理に関する知識 ………… 26
4 企業会計に関する知識（1） …………… 30
5 企業会計に関する知識（2） …………… 34
6 人事・労務に関する知識 ……………… 38

第2章　技　能

1 会議の種類と形式 ……………………… 42
2 会議における秘書の業務 ……………… 46
3 社内文書 ………………………………… 50
4 社外文書 ………………………………… 54
5 社交文書と慣用語句 …………………… 58
6 グラフ（1） ……………………………… 62
7 グラフ（2） ……………………………… 66
8 受信文書の取り扱い …………………… 70
9 郵便の基礎知識 ………………………… 74
10 ファイリング …………………………… 78
11 資料管理 ………………………………… 82
12 名刺整理 ………………………………… 86
13 情報の管理 ……………………………… 90
14 スケジュール管理 ……………………… 94
15 オフィス環境の整備 …………………… 98

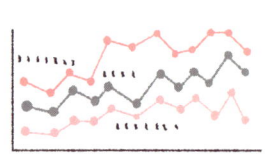

6

第3章　マナー・接遇

1. 敬語 102
2. 接遇用語と言葉づかい 106
3. 人間関係 110
4. 話し方、聞き方 114
5. 報告、説明、説得 118
6. 忠告、注意 122
7. 上手な断り方 126
8. 電話応対 130
9. 来客応対 134
10. 席次のマナー 138
11. 贈答のマナー 142
12. 慶事の業務とマナー 146
13. 弔事の業務とマナー（1） 150
14. 弔事の業務とマナー（2） 154

第4章　職務知識

1. 秘書の機能と役割 158
2. 仕事に対する心構え 162
3. 定型業務・非定型業務 166
4. 効率的な仕事の進め方 170

第5章　必要とされる資質

1. 秘書に求められる人物像 174
2. 秘書の心構え 178
3. 求められる能力（1）
　判断力・処理能力・情報力 182
4. 求められる能力（2）
　理解力・洞察力・人間関係調整力 186

模擬問題 190
解答・解説 207

秘書検定とは

　秘書検定は、「人柄のいい人」を育成することを目指した資格です。秘書の仕事は上司の身の回りの世話や仕事の手助けをすることですから、人が望んでいることを察知する力や判断する力は欠かせません。そのためには、「人柄のよさ」、つまり「感じがよい」ことはとても重要です。

　どんな仕事でも何より求められる人柄と、ビジネスマナーや社会人としての基本を学べる秘書検定は、年間約8万人近く（全級合計）が受験する人気の高い検定試験です。2級・3級の年間受験者数と合格率をみると、2級は約4万人、55％前後、3級は約3万人、65～75％となっています。

試験科目と合格基準

　等級は、1級、準1級、2級、3級があります。出題分野は各級とも共通で、理論（必要とされる資質、職務知識、一般知識）と実技（マナー・接遇、技能）の2つに分かれています。本テキストの対象となる2級と3級は、理論が選択問題、実技が選択問題と記述問題で出題され、下の表の問題数を時間内に解いていきます。

　理論、実技の両方とも60％以上正解すると合格です。どちらかの正解が60％以上でも、もう一方の正解が60％以下だった場合は不合格となります。例えば、理論で80％の正解で合格したとしても、実技が50％の正解だった場合は、不合格です。また、2級と3級はマークシートが9割、記述問題が1割となっています。

　なお、1級、準1級では筆記試験の中で理論にも記述問題があり、2次試験として面接試験が行われます。

区分	分野・傾向	問題数・出題形式	合格基準
理論	「必要とされる資質」 秘書としての常識について出題	5問　選択問題	理論で正解が60％以上
理論	「職務知識」 業務内容、考え方について出題	5問　選択問題	理論で正解が60％以上
理論	「一般知識」 一般常識、用語について出題	3問　選択問題	理論で正解が60％以上
実技	「マナー・接遇」 知識を踏まえた行動について出題	10問　選択問題 2問　記述問題	実技で正解が60％以上
実技	「技能」 実務上の知識について出題	8問　選択問題 2問　記述問題	実技で正解が60％以上

●秘書検定概要

【受験資格】 年齢、性別の制限はありません
【受験日】　 6月、11月、翌年2月の年3回（CBT試験なら随時）
【受験料】　 2級　5,200円、3級　3,800円、2級・3級併願　9,000円
【受験地】　 全国主要都市
【試験内容】 試験時間／2級…120分（CBTは100分）、3級…110分（CBTは90分）
　　　　　　試験方法／選択問題（マークシート方式）と記述問題

●申込みから合格発表まで

願書を入手する	全国の書店や大学で願書付きの秘書検定案内を販売しています。電話、はがき、インターネットで公益財団法人 実務技能検定協会に請求することもできます。 ※試験日の約2カ月前から受付を開始し、約1カ月前に締め切ります。

▼

試験に申し込む	書店、大学生協	「個人申込用受験願書」と受験料を書店、大学生協へ持参し申し込みます。領収印が押された願書などを「専用封筒」で、検定協会へ郵送します。 ※郵送しないと受験料を支払っても受験することができないので注意。
	郵送	「個人申込用受験願書」と受験料を現金書留で、検定協会へ郵送します。 ※「受験者控」は受験票が届くまで保管すること。
	インターネット	公益財団法人 実務技能検定協会のホームページの秘書検定申込みの画面で、必要な情報を入力。申込みを確認後、指定のコンビニエンスストアで受験料を支払います。 ※クレジットカード利用可能。

※CBT試験は申込日の3日め以降から予約可能。
詳細は公益財団法人実務技能検定協会のHPにてご確認ください。

▼

受験票が交付される	申込みが完了後、試験日の約1週間前までに受験票が届きます。

▼

合否の通知を受ける	受験後、約1カ月後に合否通知を発送。合格者には「合格証」が同封され、希望者には「合格証明書」が発行されます（手数料別途必要）。 ※約3週間後に公益財団法人実務技能検定協会のHPでも公開されます。

●問合せ先

公益財団法人 実務技能検定協会　秘書検定部
〒169-0075　新宿区高田馬場1丁目4番15号　　https://jitsumu-kentei.jp/

学習のポイントと進め方
合格への4つのステップ

「遊びたい」「時間がない」と言って試験勉強に挫折しないために、合格までたどり着ける勉強法や試験で役立つ問題の解き方を紹介します。4つのステップを参考にしながら、合格を目指して、しっかり学習していきましょう。

STEP 1：計画を立てる

目的を明確化させるためには、次の2つのステップがあります。

①ゴール達成シートをつくる

「今日は勉強をサボろうかな」と頭をよぎったときに見るのが、ゴール達成シートです。「なぜ秘書検定を受けるのか？」「合格したらどんな良いことがあるのか？」を思い出して、勉強のやる気をアップさせましょう。

秘書検定合格シナリオ

◎何のために秘書検定を受けるの？
- _____
- _____
- _____

◎秘書検定に合格したら、どんな良いことがあるの？
- _____
- _____
- _____

◎今日から何を始められるか書いてみよう
- _____
- _____
- _____

②スケジュールを立てる

　試験の直前になって慌てて勉強を始めるのではなく、「秘書検定にチャレンジしよう」と思ったときから、きちんとスケジュールを立てて、勉強することが確実に合格するための近道です。無理なく効率のよい学習を行うために、本書では、試験日の6週間前から取り組むスケジュールの作成をお勧めします。

	1週目	2週目	3週目	4週目	5週目	6週目
一般知識	────	────	────	────	────	────
技能		────	────	────	────	────
マナー・接遇			────	────	────	────
職務知識					────	────
必要とされる資質					────	────

	1	2	3	4	5	6
行動計画	・教材をそろえる ・まずは基礎をマスター！	・技能を覚える ・バイトの調整	・確認しよう！を解く ・半分は覚える	・友だちと勉強会！ ・テストで競争！	・難しい箇所を復習	・本番前に、問題を解きまくる！

■あなたも書いてみましょう

　6週間で合格を目指すスケジュールのフォーマットです。直接書き込んだり、コピーして手帳に貼りつけたりして、自分なりに活用してください。

	1週目	2週目	3週目	4週目	5週目	6週目
一般知識						
技能						
マナー・接遇						
職務知識						
必要とされる資質						

	1	2	3	4	5	6
行動計画						

STEP 2：検索学習

「検索学習」とは、テキストを見ながら問題を解くことで、テキストの中から「どこを覚えればよいか」「どこを理解すればよいか」を見つけることができるという学習法です。
・テキストすべてを覚えるのではなく、得点に結びつく重要点を中心に覚える。
・テキストの重要ポイントを繰り返し見て覚える。
・答え合わせをしながら覚える「Wチェック」で繰り返し学ぶ。

検索学習法のポイントを踏まえた勉強の進め方を紹介します。

①まずは問題を解く

- テキストを見ながら問題を解きます。この辺りに書いてあったと探しながら解きます。
- 暗記しようと意識はしなくても、内容を理解しながら問題を解いているので、自然に頭に入ってきます。
- 制限時間は設けず、問題を解きます。テキストを見ながらでも、自分の力で最後まで解いた達成感が生まれます。

②わからないときは、解説箇所を見る

- わからないところがあっても、テキストの解答を見てはいけません。
- どうしてもわからない場合は、解答ではなくテキストの解説を読みます。
- 過去問に似たような問題や、引っかけ問題にも対処することができるようになります。

③答え合わせをして「覚える」

- 「テキストを見ながら問題を解く」「解答と解説を見ながら答え合わせをする」このようにWチェックします。
- 記憶するためには「何度も反復」することが大切です。
- 難しい問題も内容を理解しながら覚えているので、応用問題にも対応できる力がつきます。

STEP 3：先生になろう学習法

　勉強しても、本当に知識として身についているかは判断できません。学んだことを先生になったつもりで声に出して説明し「覚えたつもり」を防ぎましょう。具体的には、1項目勉強したら、1分間話してみるというやり方です。話せないところは勉強しても覚えていないところなので、再度復習し、説明できるようになるまで何度も繰り返しましょう。

　試験前の敵は「覚えたつもり」になることです。「先生になろう学習法」で本当に覚えたかどうかを確認でき、「勉強したつもり」がなくなります。

①まずは1項目勉強する。
②先生になりきり、生徒に教えるつもりで、勉強したことを声に出して説明する。
③1分間話せるようにする。
④上記①～③を繰り返す。

　携帯電話やスマートフォンの録音機能を使い、教えている様子を録音すると、さらに効果的。録音したものを通学や通勤のときに聞くのもお勧めです。

Column

秘書マップをつくろう

　「秘書マップ」とは、なりたい、目標にしたい秘書の姿をシートにしたもののことです。憧れの秘書の写真やイラストを見るたびに、自分自身が憧れの人のようになるために勉強していることを常に確認できます。イメージをもつことで、資格を絶対に身につけたい！　と思えるようになります。

　このマップは秘書だけでなく、自分の将来の夢や、旅行に行きたい！　などの目標でも使えるので、自分なりのマップをつくるのもよいでしょう。

【用意するもの】
・A4の厚紙　・のり　・はさみ
・憧れのワーキングウーマンの写真や雑誌の切り抜き

STEP 4：本番の感覚を身につけよう

　ここまでの勉強で知識を身につけたら、次は本番の感覚を身につけるために、時間を設定して模擬問題を解いてみましょう。

【解く項目の優先順位】

　2級は120分、3級は110分と限られた時間の中で問題を解くため、解く順番と時間配分が重要です。暗記問題である一般知識、技能、マナー・接遇の「交際」を先に解いたあと、じっくり考えて解く問題と最後の確認に時間をかけて、得点アップにつなげましょう。

順番	種類	科目内容	時間配分	解き方
①	一般知識	・カタカナ語 ・経営に関する知識 ・会計、税務に関する知識 ・人事、労務に関する知識　など	10分	一般的な知識を広範囲に問われるため、時間はかけずに解く。
②	技能	・会議　・ビジネス文書 ・文書の取り扱い ・郵便の知識 ・ファイリング　など	20分	暗記中心なので、わかる問題から時間をかけずに解く。
③	マナー・接遇「交際の業務」	・慶事　・弔事 ・贈答の知識　など	15分	暗記中心のため、わかる問題から解く。
④	マナー・接遇	・言葉づかい　・敬語 ・電話応対　・接客応対 ・席次のマナー　など	15分	暗記した内容を応用する問題もあり、基本を確認しながら解く。
⑤	職務知識	・上司と秘書の機能の違い ・定型業務 ・非定型業務　など	15分	秘書業務を進めるうえでのさまざまな事柄の捉え方が問われるので、じっくり考えて解く。
⑥	必要とされる資質	・人柄、身だしなみ ・秘書の心構え ・求められる能力	15分	秘書としての判断力、考え方が問われるので、じっくり考えて解く。

【得点アップにつなげる問題の解き方】

秘書検定では、問題文に書き込みをしても問題ありません。選択に迷ったときや正解に近づくためにも、また、うっかりミスを防ぐためにも、問題文にうまく書き込みをしながら問題を解くことをお勧めします。

①「適当」と「不適当」を間違えない

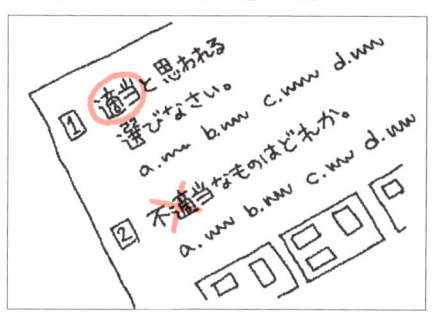

- 問題文には「適当」を選ぶものと「不適当」を選ぶものがあります。「適当」と「不適当」を間違えないように、ひと目でわかる工夫をします。
- 問題文の「適当」の文字を○で囲み、「不適当」の文字の上には×をつけておきます。こうすれば、緊張して焦っていても、うっかりミスはありません。
最後の見直しの時間も短縮できます。

②不適当を選ぶ問題では「適当」を、「適当」を選ぶ問題では「不適当」を見つける

- 「不適当」な答えを選ぶには、選択肢の中から「適当」なものを探し、反対に「適当」を選ぶ際は「不適当」を探せば簡単に見つかります。
- どちらかな？ と迷うものには「？」、○だと思うが不安なものには「？○」と書いて、ほかの問題を解いたあとで改めて考えます。

③2つの選択肢から選ぶ

- 選択肢5つのうち3つまでは明らかに不適当とわかるものが多く、残りの2つで迷う場合がほとんどです。
- 残った2つの共通しているところ、違うところに印をつけるなどして2つを比べてみます。

15

④最も不適当なものを選ぶ

- 「不適当」を解答する問題で、選択肢が2つあるときは、どちらがより不適当かを考え、「最も不適当」なものを選びます。
- キーワードを○で囲んだり、アンダーラインを引き、2つの選択肢を比較してみるとよいでしょう。

⑤問題文が長い場合はキーワードに印をつける

- 問題文が長い場合は、問題文の中にヒントが隠されています。
- 問題文のポイントと思える箇所やキーワードに○をつけたり、アンダーラインを引いておきます。
- 自分が秘書になったつもりで、問題文の状況をイメージして考えてみます。言葉や文字を目で追うだけでなく、その場の状況をイメージすることで「不適当」「適当」を簡単に見分けることができるようになります。

⑥選択肢が長い場合は、選択肢の中のポイントを見つける

- 選択肢の文章が長い場合は、選択肢の中にヒントが隠されています。
- 選択肢のポイントやキーワードに○やアンダーラインを引いておきます。
- 選択肢の中で、共通しているところは○で囲み、違うところは□で囲むなど、比較しやすくします。頭の中が整理され、「ひっかけ問題」にも惑わされずに正解を選ぶことができるようになります。

■迷ったら飛ばす、最後に見直し

　解答時間は見直しの時間を入れても十分余裕がありますので、落ち着いて取り組みましょう。わからない問題や迷ってしまった問題は、キーワードやポイントに**印をつけておいて飛ばし、次の問題へ**。ひと通り解いてからじっくり考えます。最後に見直しをして、ケアレスミスによる減点を防ぎましょう！

第1章
一般知識

■本章で学ぶこと
社会常識や時事問題、経営に関する知識などを学びます。

■押さえておきたいポイント
「理論」は一般知識の点数で合否が決まると言っても過言ではありません。広く浅く漏れなく暗記し、全問正解を目指しましょう。

■効果的な学習法
日常生活での移動時間や隙間時間も活用し、毎日テキストを見るようにしましょう。途切れることのない繰り返しの学習が効果的です。

常識としてのカタカナ語

ビジネスで使われるカタカナ語は、「漠然とわかる」ではなく、意味を正確に覚え、「アビリティー」と「アメニティー」など、音が似ている言葉にも注意します。

> Lesson ▶ 自社製品についての感想を求められて…

音は似ていても、意味は「権威性」と「独自性」で全く違います。

1 押さえておきたいカタカナ語　重要度 >> ★★★

　カタカナ語は、用語と意味（訳語）の組み合わせで出題されることが多い分野です。語頭や語尾が似ている言葉は、間違いやすいので正確に覚えましょう。

● 「コン」から始まるカタカナ語

コンサルタント	企業経営などに関する助言・指導する専門家	コンセンサス	合意、意見の一致、賛同
		コンタクト	接触、連絡
コンシューマー	消費者、製品などの最終使用者	コンテンツ	内容、目次、中身
コンスタント	いつも一定であるさま	コンファレンス	会議、協議会
コンセプト	概念、商品などの中心的発想	コンプライアンス	法令遵守

● 「ティー」で終わるカタカナ語

アビリティー	能力、技量	セキュリティー		安全、防衛、保障
アメニティー	環境の快適さ	ノベルティー		宣伝用に消費者に配る品物
オーソリティー	権威、権威者、大家	プライオリティー		優先順位、優先権
キャパシティー	容量、受容力	ペナルティー 		罰則、罰金
クオリティー	品質、上質、良質	ホスピタリティー		もてなし、歓待
コミュニティー	共同体、地域社会	ロイヤルティー		特許権や著作権の使用料

●「ト（ット）」で終わるカタカナ語

アウトプット	生産品、出力、経験などから生じた成果や実績
アカウント	勘定、請求書、コンピュータやネットワークを利用する権利
アセスメント	事前評価、査定
インパクト	衝撃、衝撃による影響
エージェント	代理人、代理業者、仲介役
クライアント	依頼人、顧客
クレジット	信用、信用貸しによる販売、書物・写真などに入れる原作者などの名前
セレクト	選択
ターゲット	標的、販売などの対象
フォーマット	形式、書式、コンピュータでデータやデータの記録媒体に設定する形式
プロダクト	生産、生産品
メソッド	体系的な方法・方式

●「ション」で終わるカタカナ語

アクション	行動、動作	コンベンション	集会、見本市
イノベーション	技術革新、新発想	ジェネレーション	世代
イマジネーション	想像、想像力	シミュレーション	模擬実験
インフォメーション	情報、案内	プレゼンテーション	提示、説明
オプション	自由選択	プロモーション	広告などの販促活動
オペレーション	操作、運転	モチベーション	動機づけ
クリエーション	創造、創作	リアクション	反応、反作用
コミッション	手数料、仲介料、委員会	ローテーション	持ち回り、順番にやる

●その他のカタカナ語

アウトソーシング	社外調達	ネゴシエーション	交渉、取引、協議、折衝
インセンティブ	刺激・動機になる事柄、報奨	ノウハウ	専門技術
オーガナイザー	主催者、組織をつくる人	ポテンシャル	潜在力、可能性
オピニオン	意見、世論	ポリシー	方針、政策
ガイドライン	基本方針、指針	マテリアル	材料、素材
カテゴリー	範疇、部門	リスクマネジメント	危機管理
コーディネーター	調整役	リストラクチャリング	リストラ、事業の再構築
サジェスチョン	示唆、暗示	レクチャー	講演、講義
シンクタンク	頭脳集団、専門家の集まり	レジュメ	要約、概略
テリトリー	領域、受け持ち地区	ワークシェアリング	仕事を分け合う

注： 印は過去に複数回、出題された用語です。

確認しよう！

3級レベル 〈問題1〉

次は、用語とその意味の組み合わせである。中から不適当と思われるものを一つ選びなさい。

1) コンシューマー　＝　消費者
2) エコノミスト　　＝　経済学者
3) サポーター　　　＝　支援者
4) エキスパート　　＝　達人、専門家
5) アドバイザー　　＝　仲介者

3級レベル 〈問題2〉

次は、用語とその意味の組み合わせである。中から不適当と思われるものを一つ選びなさい。

1) トレンド　　　　＝　流行
2) ニーズ　　　　　＝　供給
3) ディスカウント　＝　割引
4) キャンペーン　　＝　宣伝活動
5) バリュー　　　　＝　価値

解答と解説

〈問題1〉 5)

解説	「アドバイザー」とは、助言者、忠告者のことです。仲介者は、「エージェント、ブローカー」。

〈問題2〉 2)

解説	「ニーズ」とは、需要のこと。「女性のニーズに応えた商品」などというように使います。供給は、「サプライ」。
アドバイス	カタカナ語は、用語とその意味の組み合わせを問う形式がよく出題されます。よく使うカタカナ語は、意味を正確に理解しておくことが必要です。音が似ている用語、あるいは経済やコンピューター関連などジャンルごとに用語を分類して覚えるとよいでしょう。 また、新聞やニュースで知らないカタカナ語が出てきたら、すぐに意味を調べることを習慣づけましょう。

確認しよう！

2級レベル 〈問題1〉

次は、用語とその意味の組み合わせである。中から不適当と思われるものを一つ選びなさい。

1) コミッション　　　＝　仲介料、手数料
2) シミュレーション　＝　模擬実験
3) シチュエーション　＝　状況
4) コンベンション　　＝　案内
5) イノベーション　　＝　技術革新、刷新

2級レベル 〈問題2〉

次は、用語とその意味の組み合わせである。中から不適当と思われるものを一つ選びなさい。

1) マーチャンダイジング　＝　商品計画
2) ベンチャービジネス　　＝　高齢者対象事業
3) リスクマネジメント　　＝　危機管理
4) コンペティション　　　＝　競技会
5) オーガニゼーション　　＝　組織

解答と解説

〈問題1〉　4)

解説	「コンベンション」とは、集会、見本市のこと。案内は、「インフォメーション」。
アドバイス	「シミュレーション」と「シチュエーション」、「メリット（利点）」と「リミット（限度）」など、音が似ている言葉には特に注意が必要です。

〈問題2〉　2)

解説	「ベンチャービジネス」とは、「革新的な新規事業」のこと。成長性が期待されるが、失敗する危険性も高いとされます。 高齢者対象事業は、「シルバービジネス」です。
アドバイス	次のようなコンピュータ関連のカタカナ語も覚えておきましょう。 バーチャル＝仮想 コマンド＝コンピューターに与える指示・命令 メモリ＝コンピューター内でデータやプログラムを記憶する部分 データベース＝データを蓄積し、検索できるようにしたシステム

常識としての基本用語

頻出度 ★★☆

新聞に出てくる用語は、社会常識として理解しておくことが必要です。また、企業経営の基礎となる「マーケティング」の知識も身につけておきましょう。

Lesson 海外旅行では、円安だとお小遣いは減る？ 増える？

1ドル90円から100円になることを円安といいます。90円で1ドルに交換できたものが、100円でなければ交換できなくなるのです。

1 経済用語と略語

重要度 >> ★★

●経済用語

インフレーション（インフレ）	景気がよくなりすぎて**物価上昇**が続くこと
デフレーション（デフレ）	景気が悪くなって**物価下落**が続くこと
為替	手形や振込など、現金の受け渡しをせずにお金をやりとりする方法
為替レート	通貨と通貨をいくらで交換するかという交換比率
円高	外国の通貨に対して**円の価値が上がる**こと 　例：1ドル100円が80円になる
円安	外国の通貨に対して**円の価値が下がる**こと 　例：1ドル80円が100円になる
金利	お金の貸借料。借りたときに支払う金利（住宅ローンなど）と、貸したときに受け取る金利（定期預金の金利など。この場合は個人が銀行にお金を貸したことになる）がある
インサイダー取引	内部情報をもとに株式取引で不当な利益を得ること
関税	おもに輸入品に課す税金
規制緩和	社会経済の活性化を狙い、法規制をゆるめること
公的資金	国や地方公共団体などの公的な団体・組織から出る資金、税金など

●略語

外為	外国為替	労基法	労働基準法
東証	東京証券取引所	GNP	国民総生産
公取委	公正取引委員会	GDP	国内総生産
外資	外国資本	ODA	政府開発援助
国保	国民健康保険	NPO	民間非営利組織
労災保険	労働災害補償保険	JIS	日本工業規格
独禁法	独占禁止法	QC	品質管理

 2 マーケティングの知識　　重要度 >>

　企業経営の基礎となるマーケティングとは、消費者のニーズを満たすために商品やサービスを効果的に消費者に提供する活動です。

●マーケティングの流れ

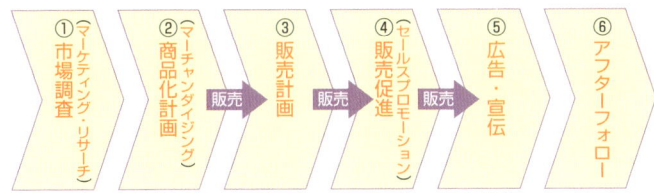

●マーケティング用語

マーケティング・リサーチ（市場調査）	消費者ニーズを探るためにアンケートなどの調査をすること。製品の販売に関するあらゆる情報の収集・分析
マーチャンダイジング（商品化計画）	消費者ニーズに合った商品を作るための計画を立て、それを実行すること
セールスプロモーション	販売促進活動。「SP」ともいう。売上げを上げるために、店頭での実演やサンプリング（見本品の配布）などを行う
パブリシティー	広報活動のひとつ。商品に関する情報をテレビ、雑誌などに提供し、流してもらうように働きかける
バナー広告	インターネット上に表示される帯状の広告
プレミアム	商品につける景品、手数料、割増金
アンテナショップ	新製品などを試験的に販売したり、地域の消費者の反応を見るためにつくられた店
マーケット・シェア	市場占有率。市場における総売上高に対するその商品の売上高の割合
マーケット・セグメンテーション	市場細分化。消費者の年齢、嗜好などによって市場を細かく分け、それぞれの特性に応じたマーケティングを行う
クーリングオフ	訪問販売などで、一定期間内なら契約を解除できる制度
スケールメリット	規模が大きくなることによって得られる利点。大量生産するほどコストが安くなるなど

23

確認しよう！

3級レベル 〈問題1〉

次は、略語とその意味の組み合わせである。中から不適当と思われるものを一つ選びなさい。

1) ＧＤＰ　＝　国民総生産
2) ＯＳ　　＝　オペレーティングシステム
3) ＱＣ　　＝　品質管理
4) ＳＥ　　＝　システムエンジニア
5) ＯＡ　　＝　オフィス・オートメーション

3級レベル 〈問題2〉

次の「　　　」内の説明に当てはまる言葉はどれか。中から適当と思われるものを一つ選びなさい。

「景気が悪くなって物価が下がること」

1) 円安
2) 円高
3) 金利下落
4) デフレーション
5) インフレーション

解答と解説

〈問題1〉 1)

解説	「ＧＤＰ」は、国内総生産。国内で1年間に新しく生みだされた生産物やサービスの総額のこと。「国民総生産」は、ＧＮＰ。
アドバイス	次の略語も重要です。 ＩＳＯ＝国際標準化機構、ＪＩＳ＝日本工業規格、ＰＫＯ＝国連平和維持活動、ＷＨＯ＝世界保健機関、ＷＴＯ＝世界貿易機関、Ｍ＆Ａ＝企業の合併・買収

〈問題2〉 4)

解説	「円安」は、円の価値が安くなった、「円高」は、円の価値が高くなったと覚えます。紛らわしいので注意。「金利下落」は、金利が下がること。「インフレーション」は「デフレーション」の逆で、景気がよくなって物価が上がること。
アドバイス	新聞やニュースに出てくる言葉は、社会常識として最低限理解しておくべきです。マーケティングに関する用語も、P.23の図を参考にしながら覚えておきましょう。
問題の傾向	用語と意味の組み合わせ以外に、説明に当てはまる用語を選ぶ問題も出されます。

確認しよう！

2級レベル 〈問題1〉

次は、略語と正式名の組み合わせである。中から<u>不適当</u>と思われるものを一つ選びなさい。

1) 投信　　＝　投資信託
2) ハイテク　＝　ハイテクノロジー
3) 労基法　＝　労働基本法
4) 独禁法　＝　独占禁止法
5) インフラ　＝　インフラストラクチャー

2級レベル 〈問題2〉

次の「　　　」内の説明に当てはまる言葉はどれか。中から適当と思われるものを一つ選びなさい。

「消費者の年齢、嗜好などにより市場を細分化し、特性に応じたマーケティングを行うこと」

1) パブリシティー
2) マーケティング・リサーチ
3) マーケット・セグメンテーション
4) マーケット・シェア
5) セールスプロモーション

解答と解説

〈問題1〉　3)

解説	「労基法」は、「労働基準法」の略。労働者の賃金や労働時間、休暇など主な労働条件の最低限の基準を定めた法律。

〈問題2〉　3)

解説	「パブリシティー」とは、商品情報をテレビ、雑誌などに提供して流してもらう広報活動のこと。「マーケティング・リサーチ」は、市場調査。「マーケット・シェア」は、市場占有率。「セールスプロモーション」は、販売促進活動。
アドバイス	次のようなマーケティング用語も理解しておきましょう。 インセンティブ＝小売業者の販売意欲を引き出すための奨励や刺激・報奨 フランチャイズ＝事業者が加盟店と契約をして、商品や経営ノウハウなどを提供し、事業を拡大していく経営方式、オープンプライス＝メーカーが標準小売価格を設定せず、流通業者が自由に価格決定を行うこと アフィリエイト＝成功報酬型広告。サイトやブログなどに企業サイトのアドレスを貼り、そのリンク経由で商品が売れると報酬が支払われる広告手法

組織と経営管理に関する知識

合格のPoint 大手・中堅企業の多くは株式会社です。その特徴や関連用語は確実に覚えておきましょう。経営管理の基本的手法「PDSサイクル」に関する知識も必須です。

> Lesson　代表取締役は社長のこと？ それとも…

代表取締役とは、会社を代表する権限を持つ取締役のこと。複数いる場合もあります。

企業の種類　　　　　　　　　　　　　

　企業には、国や地方自治体が運営（国有林、水道、市バス、都電など）する公企業と、民間が運営する私企業があります。また、政府・自治体と民間が共同出資して運営する第三セクターがあります。
　私企業のうちの会社企業は成り立ちによって、以下のように分かれます。

種類	出資者	必要な出資者数	出資者の責任範囲	資本金
株式会社	株主	1人以上	有限	1円～
合同会社	社員	1人以上	有限	1円～
合資会社	社員	2人以上	有限・無限	規定なし
合名会社	社員	2人以上	無限	規定なし

株式会社に関する基本用語　　　　　

　出資者（**株主**）から集めた**資金**で経営を行う会社が「株式会社」です。出資者は会社が倒産した場合、出したお金を放棄すれば、それ以上の**返済義務**を負うことはありません。これを「**有限責任**」といいます。

● 株式会社に関する用語

上場会社	証券取引所で株式が売買されるようになることを「上場」といい、上場された企業を上場会社という。上場するには細かな基準を満たすことが必要
配当	会社が稼いだ利益の一部を株主に分配すること、または分配する利益
定款	会社や組織の目的、業務、組織、場所などを記した基本原則
取締役	会社の業務に関する意思決定や監督をする役員。**株主総会**で選ばれる
代表取締役	いわゆる「社長」。会社の代表となる取締役で、取締役会で選ばれる。**大企業では複数の代表取締役**がいることもある
監査役	会社の業務執行について監督・検査をする人。会計監査と業務監査がある。株主総会で選ばれる
増資・減資	増資は、新株発行などにより会社の資本金を増やすこと。減資は、規模縮小などのために資本金を減らすこと
資本と経営の分離	資本を出す人（株主）が株主総会で選んだ人（取締役など）に経営を任せること

3 会社の組織　重要度 >>

企業は、生産性を向上させ、事業の目的を達成するために効率的な組織づくりを行っています。その代表的なものが、「**職能組織（ピラミッド型）**」です。

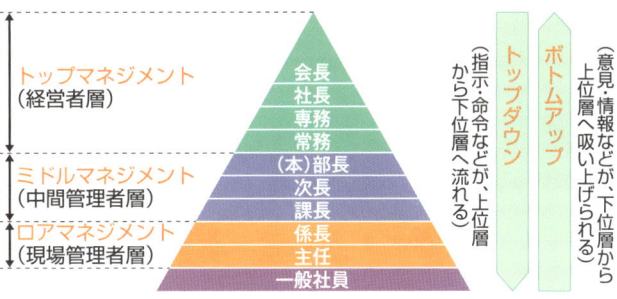

会社の組織は機能別に見ると次の2つに分けることができます。

ライン部門：商品・サービスの製造、販売、営業など、**直接会社の収益を生み出す部門**。製造部・販売部・営業部・銀行の預金、貸付担当部門など。

＊秘書はライン部門の役員についてもスタッフ部門になる！

スタッフ部門：ライン部門が効率よく働けるようにサポートする部門。総務部・経理部・企画開発部など。

経営管理：PDSサイクル　重要度 >>

企業の経営者層の主な仕事は経営管理を行うことです。その代表的手法が「**PDSサイクル**」と呼ばれるものです。P（Plan：**計画**）、D（Do：**実行**）、S（See：**検討**）の3つを繰り返すことで問題点を改善し、生産性向上や仕事の効率化を図っています。

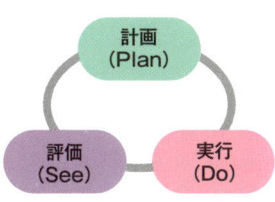

確認しよう！

3級レベル 〈問題1〉

次は、役職と組織における位置づけの組み合わせである。中から<u>不適当</u>と思われるものを一つ選びなさい。

1) 社長 ― トップマネジメント
2) 部長 ― ミドルマネジメント
3) 係長 ― ロアマネジメント
4) 次長 ― ミドルマネジメント
5) 主任 ― ミドルマネジメント

3級レベル 〈問題2〉

次のうち、ライン部門にあたるのはどれか。中から適当と思われるものを一つ選びなさい。

1) 総務部　　2) 製造部　　3) 経理部　　4) 企画部　　5) 広告・宣伝部

3級レベル 〈問題3〉

次の「　　　」内の説明に当てはまる言葉はどれか。中から適当と思われるものを一つ選びなさい。
「会社の業務執行について監督・検査をする人で、株主総会で選ばれる」

1) 株主　　2) 取締役　　3) 役員　　4) 監査役　　5) 経営者

解答と解説

〈問題1〉　5)

解説	「主任」はロアマネジメントに属し、現場で一般社員の管理などをする役割を担います。組織の代表的スタイルである「ピラミッド型」のどこにどの役職が属するのかを覚えておきましょう。

〈問題2〉　2)

解説	製造部は、会社の収益を直接生み出す部門であるため「ライン部門」。ほかはすべて、ライン部門を支援する「スタッフ部門」。ライン部門に属する人を「ライン」、スタッフ部門に属する人を「スタッフ」と呼びます。

〈問題3〉　4)

解説	「株主」は「出資者」とも呼ばれ、株式会社の経営のために資金を出す人。「取締役」は、株主から会社の経営を任された役員。「役員」は、会社で責任のある役職についている人。「経営者」は、組織の経営について責任をもつ人。意味の違いをしっかりつかんでおくこと。

確認しよう！

2級レベル 〈問題1〉

次は、関係のある用語の組み合わせである。中から<u>不適当</u>と思われるものを一つ選びなさい。

1) 配当 　　　　 ― 　株主
2) 上場 　　　　 ― 　証券取引所
3) 株式会社 　　 ― 　株主総会
4) 増資 　　　　 ― 　新株発行
5) 重役 　　　　 ― 　代表取締役

2級レベル 〈問題2〉

次は、用語とその意味の組み合わせである。中から<u>不適当</u>と思われるものを一つ選びなさい。

1) ボトムアップ 　　― 　上司が部下に指示・命令をすること
2) スタッフ部門 　　― 　総務部、経理部など、会社経営の間接的な仕事をする部門
3) ＰＤＳサイクル 　― 　生産性向上や仕事の効率化を図るための経営管理手法
4) 定款 　　　　　　― 　会社や組織の目的、業務などを記した基本原則
5) ロアマネジメント ― 　係長、主任など、現場管理者層

解答と解説

〈問題1〉 5)

解説	一般に「重役」は、取締役、監査役など役員のこと。代表取締役は、通常「社長」であることが多いです。
アドバイス	2級では、関係のある用語の組み合わせも出題されます。各用語の意味だけでなく、関連知識も身につけておきましょう。

〈問題2〉 1)

解説	「ボトムアップ」は、ピラミッド型組織において、意見や情報が下位層から上位層へ吸い上げられること。上司が部下に指示・命令をすることは「トップダウン」といいます。
アドバイス	経営管理、組織については、次の事項も理解しておきましょう。 稟議制度＝下位層の担当者が案を作成し、上位層に決済を仰ぐ方法 タスクフォース＝問題解決や新製品開発のために各部署から人を集め、臨時につくる組織。プロジェクトチームともいいます。

第1章 一般知識

企業会計に関する知識（1）

合格のPoint
企業は通常、毎年、株主などに財務状況を公表するために財務諸表を作成しています。その代表である「貸借対照表」と「損益計算書」は特に重要です。

Lesson 上司から「財務諸表を持ってくるように」と言われたが…

財務諸表の代表的なものには「貸借対照表」と「損益計算書」があります。

企業会計の知識　　重要度 >> ★★★

●**管理会計と財務会計**
　企業や組織は、経営活動に伴うお金の出入りを記録、計算し、損益や財政状態などを明らかにしています。これを「企業会計」といい、以下の2つがあります。
　①**管理会計**…経営者が会社の経営計画、経営管理のために行う
　②**財務会計**…外部の利害関係者（株主、取引先、従業員など）のために行う

●**財務諸表**
　財務会計で、一定期間（事業年度）の収支を計算することを「**決算**」といい、このとき報告のために作成される計算書を「**財務諸表**」といいます。その代表的なものが、「**貸借対照表（バランスシート：B／S）**」と「**損益計算書（プロフィット＆ロス：P／L）**」です。
　<**貸借対照表**>**決算日**における会社の**財務状態**を表す。

借方	貸方
資産　会社がもつすべての財産や権利 **負債**＋**資本**＝**資産**	**負債**　会社が返済すべきすべてのお金
	資本　株主からの出資金や利益

30

＜損益計算書＞**一定期間**の会社の損益を計算したもので、経営成績を表す。

借方	貸方
費用　会社の収益を生み出すのにかかったコスト	収益　会社が稼いだ利益・儲け
純利益　会社が得た利益	費用＋純利益＝収益

●会計・財務に関する用語

損益分岐点	収益（売上高）と費用が同じところ、利益と損失の分かれ目。経営分析に用いる 費用＝変動費（売上高に比例して変わる材料費や運送費など）＋固定費（売上高にかかわらず発生する家賃や人件費）
減価償却	建物や設備などの費用を一括ではなく、使用されて価値が減った分だけその年度の費用として計算すること
連結決算	**親会社と子会社**を1つにまとめて決算すること
粉飾決算	会社が利益などを過大、または過小に偽って決算すること
売掛	商品・サービスを先に渡しているが、まだ料金をもらっていないこと
買掛	商品・サービスを受け取っているが、まだ料金を払っていないこと
債務	借金などを返さなくてはいけない義務
債権	借金などを請求し、返してもらう権利
固定資産	長期にわたって使い続ける資産のこと。土地・建物・設備などの有形固定資産と、特許権・商標権などの無形固定資産がある

2 税務の知識　重要度 >> ★★

●税金の分類

直接税 支払う人と納める人が同じ	国税	所得税（個人の所得に課税）、法人税（企業の所得に課税）、相続税、贈与税など
	地方税	都道府県民税、市町村民税、事業税（事業活動に課税）、固定資産税（土地や建物に課税）、自動車税など
間接税 支払う人と納める人が違う	国税	消費税、酒税、関税（輸出入品に課税）など
	地方税	ゴルフ場利用税、入湯税など

●覚えておきたい税務用語

累進課税	所得など、課税対象額が大きくなればなるほど、税率が高くなる課税方式
源泉徴収	会社などが税務署に代わって個人から税金を徴収し、納めること
確定申告	一定期間の所得額と税額を税務署に申告すること
年末調整	給与から源泉徴収されている所得税額の過不足を、年末に調整すること

確認しよう！

3級レベル 〈問題1〉

次は、用語とその意味の組み合わせである。中から<u>不適当</u>と思われるものを一つ選びなさい。
1) 債務　　― 借金などを返さなくてはいけない義務
2) 固定資産 ― 土地、建物など長期にわたり使い続ける資産
3) 金銭出納 ― 金銭の出し入れのこと
4) 売掛　　― 代金は後で支払うことを前提に商品を買うこと
5) 決算　　― 一定期間の収支を計算すること

3級レベル 〈問題2〉

次の「　　　」内の説明に当てはまるものはどれか。中から適当と思われるものを一つ選びなさい。
「会社の一定期間の売上高から経費を差し引いて損益を計算したもので、経営成績を表す」
1) 源泉徴収票
2) 損益計算書
3) キャッシュフロー計算書
4) 貸借対照表
5) 株主資本等変動計算書

解答と解説

〈問題1〉 4)

解説	「売掛」は、代金は後で受け取ることを前提に商品を売ること。代金後払いで商品を買うことは「買掛」。

〈問題2〉 2)

解説	「源泉徴収票」は、会社が個人から税金を徴収して税務署に納めたことを証明するもの。 「キャッシュフロー計算書」は、一定期間の資金の流れを表したもの。 「貸借対照表」は、決算日における会社の財務状態を表すもの。 「株主資本等変動計算書」は、純資産の変動を表したもの。
アドバイス	損益計算書と貸借対照表は頻出事項です。損益計算書は一定期間、貸借対照表は一定期日（決算日）と覚えると間違えにくくなります。

確認しよう！

2級レベル 〈問題1〉

次は、関係のある用語の組み合わせである。中から不適当と思われるものを一つ選びなさい。

1) 財務諸表　―　決算
2) 減価償却　―　設備
3) 損益分岐点　―　経営分析
4) 資本　―　出資金
5) 変動費　―　人件費

2級レベル 〈問題2〉

次は、関係のある用語の組み合わせである。中から不適当と思われるものを一つ選びなさい。

1) 国税　―　法人税
2) 印紙税　―　契約書
3) 年末調整　―　印税
4) 地方税　―　自動車税
5) 累進課税　―　税率

解答と解説

〈問題1〉 5)

解説	「変動費」とは売上高によって変わるコストのことで、材料費や運送費などがあります。 人件費や家賃は、売上高にかかわらず常に発生するコストなので「固定費」。これらを合計したものが「費用」となります。

〈問題2〉 3)

解説	「年末調整」とは、毎月の給与から源泉徴収されている所得税を年末に調整すること。所得税を支払いすぎていれば還付され、不足していれば納付します。 「印税」は、書籍などの発行部数や価格に応じて、発行者が著者に支払う税金のことです。
アドバイス	税金は国に納める「国税」と地方自治体に納める「地方税」に分かれ、国税はさらに間接税と直接税に分かれます。 日ごろ自分が支払っている税金がどの種類にあたるのか意識しておくと、理解しやすくなります。

企業会計に関する知識 (2)

合格の Point 秘書は業務の中で、小切手や手形を扱うことが少なくありません。種類と用途を正確に理解し、関連用語も暗記しておきましょう。

Lesson ▶ 手形や小切手を用意するのに必要なことは？

　当座預金は、銀行預金（銀行に預けた資金）の一種です。小切手や手形の支払いをするために必要なもので、いつでも預け入れ・引き出しができる無利息の預金。手形や小切手を用意するのに必要なことは、当座預金口座を開設することです。なお、小切手・手形は2026年度末までに廃止し、ネットバンキングによる振り込みや電子記録債券に移行されます。

1 印鑑に関する知識　　　　　　　　　　　　重要度 >> ★★

　企業で扱う書類には、さまざまな種類の印鑑を押すことがあります。用途と合わせて覚えておきましょう。

●印鑑の種類

実印	個人が市区町村に登録してある印鑑。重要な取引などで使う
認印	書類の認証や荷物の受け取りなど、一般的に使う印鑑
割印	2枚の書類が相互に関連することを証明する印。2枚の書類にまたがって押す
捨印	訂正が発生したときのために、前もって欄外に押しておく印
訂正印	訂正したことを証明するために押す印
代表者印	会社の代表者の印。法務局に届け出て登録する必要がある
封印	無断で開封されることを防ぐために、封をしたところに押す印
契印	複数の書類が一体のものであることを証明するために、見開きにしたとじ目に押す印。書類の追加や差し替えを防ぐために押す
消印	切手や収入印紙が再利用されるのを防ぐため、印紙と台紙にまたがって押す印

34

2 小切手・手形の知識　重要度 >> ★★

企業では、代金の受け取りや支払いに、現金の代わりとして**有価証券**を使うことが多くあります。有価証券とは**売買・譲渡**でき、それ自体に**財産的価値**のある証券で、**小切手**、**（約束）手形**、**株券**などがあります。

●小切手

小切手は、**振出人**（小切手の発行者）が、**受取人**（小切手の発行を受けた人）からの請求に応じて、支払いを銀行に**委託**した証券です。受取人は、小切手を銀行に持っていくか、自分の取引銀行を通じて、現金に換えることができます。

＜小切手の現金化の流れ＞

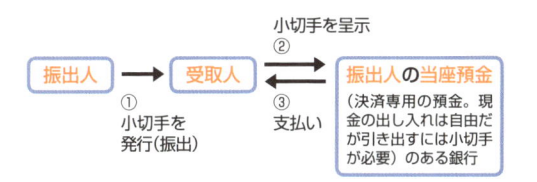

振出人 →① 受取人 →② 振出人の**当座預金**（決済専用の預金。現金の出し入れは自由だが引き出すには小切手が必要）のある銀行

① 小切手を発行（振出）
② 小切手を呈示
③ 支払い

●（約束）手形

（約束）手形は、**振出人**が決められた**期日・場所**（銀行）で一定の金額を受取人に支払うことを**約束**した証券です。

＜小切手と手形の違い＞

	支払期日	支払う相手
小切手	なし。受け取ったその日に換金できる	銀行に小切手を持っていった人
手形	基本的にあり	手形に記載された受取人

●小切手・手形に関する用語

裏書	小切手や手形を他人に譲るとき、裏面に必要事項を記入して署名押印すること
先付小切手（先日付小切手）	実際の振出日より**先の日付を振出日にした小切手**
線引小切手（横線小切手）	**表面に2本の並行線を引いた小切手**。盗難などの安全面を考え、いったん銀行に預けないと現金化できない。2本線内に特定の銀行や支店名が記され、そこでしか現金化できない「特定線引小切手」と、記載のない「一般線引小切手」がある
為替手形	振出人が、一定の金額を受取人に支払うよう、第3者に委託する形式の手形 ＊約束手形との違いに注意！
不渡手形	銀行で、当座預金不足のために支払いを拒絶された手形のこと。6カ月以内に2回の不渡手形を出すと取引停止処分を受け、事実上の倒産になる
手形割引	支払期日前に手形を現金に換えたいとき、支払期日までの利息や手数料を差し引いた金額で、銀行などに買い取ってもらうこと

確認しよう！

3級レベル 〈問題1〉

5万円の商品の領収書をもらったら、収入印紙が貼ってあり、印が押してあった。この印の名称はどれか。中から適当と思われるものを一つ選びなさい。

1) 押印　2) 割印　3) 実印　4) 消印　5) 捨印

3級レベル 〈問題2〉

次は、用語とその説明の組み合わせである。中から不適当と思われるものを一つ選びなさい。

1) 手形割引　—　支払期日前の手形を、利息や手数料を引いた金額で銀行に買い取ってもらうこと
2) 当座預金　—　会社のお金を自由に出し入れできる預金口座
3) 不渡手形　—　支払期日に決済されない手形
4) 線引小切手　—　表面に2本線を引いた小切手
5) 振出人　—　小切手や手形の発行者

解答と解説

〈問題1〉 4)

解説	切手や収入印紙などと台紙にまたがって押すのは「消印」。消印を押す位置は特に決められておらず、切手や印紙の上下左右のどこでも構いません。
アドバイス	3級では消印に関する問題が出題される傾向にありますが、その他の印についても名称と用途を覚えておきましょう。 割印＝2枚の書類の両方にまたがって押す印 捨印＝訂正したときのためにあらかじめ欄外に押しておく印 実印＝重要な書類に押す、市区町村に登録してある印 訂正印＝訂正したことを証明する印 契印＝複数の書類の見開きにしたとじ目に押す印

〈問題2〉 2)

解説	「当座預金」は、会社の決済専用の預金口座です。現金を引き出すには小切手が必要となります。
問題の傾向	線引小切手や先付小切手など、小切手の名称とその説明の組み合わせがよく出題されます。手形に関する用語も覚えておきましょう。

確認しよう！

2級レベル 〈問題1〉

次は、印の名称とその説明の組み合わせである。中から不適当と思われるものを一つ選びなさい。

1) 認印 ＝ 書類や荷物の受け取りなどに使う一般的な印
2) 割印 ＝ 切手や印紙と台紙にまたがって押す印
3) 捨印 ＝ 訂正に備えて欄外に押しておく印
4) 実印 ＝ 重要な取引に使う、市区町村に登録してある印
5) 封印 ＝ 封をした箇所に押す印

2級レベル 〈問題2〉

次は、関係のある用語の組み合わせである。中から不適当と思われるものを一つ選びなさい。

1) 約束手形 ― 支払期日
2) 有価証券 ― 商品券
3) 当座預金 ― 決済
4) 不渡手形 ― 取引停止
5) 裏書 ― 登記

解答と解説

〈問題1〉 2)

解説	「割印」は、契約書の正本と副本、原本と写しなど、書類の両方にまたがって押す印。切手や収入印紙などと台紙にまたがって押すのは「消印」で、再利用を防ぐ目的があります。
アドバイス	割印と消印の違いを明確に理解しておきましょう。

〈問題2〉 5)

解説	「裏書」とは、小切手や手形を譲渡するとき、裏面に必要事項を記入して署名押印すること。 「登記」は、不動産などの権利を証明するために、登記所の登記簿に記載することです。

6 人事・労務に関する知識

頻出度 ★★★

合格のPoint
人事の業務は、従業員が能力を最大限に発揮できるよう、適材適所に配置すること。労務は、従業員の働く環境を整える業務を担当します。

Lesson ▶ Cさんがイドウするといううわさを聞いて…

NG 移動

OK 異動

Cさんイドウですって

学生時代にはなじみのなかった言葉ですが、意味と漢字をセットにして覚えましょう。

1 人事に関する用語　　重要度 >> ★★★

　試験では、用語と意味の組み合わせだけでなく、直接関係ある用語の組み合わせも出題されます。関係ある用語、反対の用語もあわせて覚えておきましょう。

人事考課	給与や人事を決めるために、社員の仕事ぶりや能力などを評価すること ＊「人事査定」「人事評価」という会社もある
人事異動	部署や地位、仕事内容、勤務地などが変わること
配属	ある部署に配置して所属させること
栄転	非公式な用語で、仕事内容や役職などが高い地位に移ること。役職は同じでも地方の支店から中央の支店に移る場合などもこれにあたる
昇進	**役職**が上がること　　例：課長から部長へ
昇格	**資格級や等級**が上がること　　例：社員1級から2級へ
左遷	非公式な用語で、役職を下げたり、遠方や重要でない部署に移すこと。一般に懲罰的に行われる
出向	今の会社に籍を置いたまま、グループ会社などに勤務すること

赴任	任命された場所に行くこと。家族を残して遠方などに転勤することは「単身赴任」
着任	新しい任地に到着すること、新しい仕事に就くこと
解雇	雇用関係を解消すること
懲戒処分	社員の違反行為などに対して与える罰則のこと。戒告、減給、出勤停止、自宅謹慎、休職、解雇など
第二新卒	卒業後、いったん就職し、短期間のうちに転職を希望する人。一般に、25歳くらいまでの大学卒業後3年以内程度の社会人を指す。職歴がない人を含むこともある

＊人事考課は、社員の仕事ぶりを評価して、給与や人事を決める

2 労務に関する用語　重要度 >> ★★★

　試験では、略語と正式名称の組み合わせや、福利厚生に該当しない内容を問う問題などが出題されます。労務用語の内容をしっかり覚えましょう。

福利厚生	企業が賃金とは別に、従業員とその家族の福利（幸福と利益）を充実させるために行うこと。健康保険、厚生年金、雇用保険、健康診断、社員食堂、社宅、財形貯蓄など
有給休暇（有休）	労働基準法に基づいて、雇用主が1年ごとに労働者に対して与える休暇（賃金は支払われる）
育児休暇（育休）	子どもを養育する労働者が法律に基づいてとれる休暇
就業規則	労働時間や休日・休暇、賃金などの労働条件、人事制度、服務規律などを定めた規則
定期昇給（定昇）	毎年一定の時期に、**勤続年数や年齢に応じて従業員の給料を上げること**　＊ベースアップとの違いに注意！
ベースアップ（ベア）	物価上昇などに応じて、従業員の給与を**一律に上げる**こと
超過勤務（超勤）	法律で決められた、1日8時間・週40時間という労働時間を超えて働くこと
自己申告制度	従業員本人に仕事の目標、問題点などを自己評価させ、得意分野、専門知識、希望職種などを申告させる制度
労働三法	「**労働基準法**」「**労働組合法**」「**労働関係調整法**」。これらの法律によって労働者の権利が守られる
モラール・サーベイ	従業員の「モラール（勤労意欲、やる気）」をアンケートや面談によって調査すること
フレックス・タイム制	所定の時間数さえ勤務すれば、出社・退社時間は自由という働き方。このなかで全員が共通して働く時間を「コアタイム」という
OJT	オン・ザ・ジョブ・トレーニングの略。従業員の知識・技術向上を目的に、会社内での業務を通して訓練を行うこと

確認しよう！

3級レベル 〈問題1〉

次は、配置転換の説明である。中から適当と思われるものを一つ選びなさい。
1) 役職は変わらず、所属する部署が変わる
2) 地位や職務内容、勤務地が変わる
3) 役職や序列が上がる
4) 会社に在籍したまま、グループ会社などに勤める
5) 勤務する場所が変わる

2級レベル 〈問題2〉

次は、関係のある用語の組み合わせである。中から不適当と思われるものを一つ選びなさい。
1) 福利厚生　　　　　― 健康診断
2) フレックスタイム制 ― コアタイム
3) ＯＦＦ－ＪＴ　　　― 研修
4) 労働三法　　　　　― 権利
5) 定期昇給　　　　　― 物価上昇

解答と解説

〈問題1〉 1)

解説	2)から順に、「人事異動」「昇進」「出向」「転勤」の説明。「配置転換」は、例えば、営業部長から企画部長になることをいいます。
アドバイス	「昇進」と「昇格」、「赴任」と「着任」など、似ている言葉に注意します。「人事考課」についてもよく出題されるので覚えておきましょう。人事考課は、給与や役職などを決めるために、社員の仕事ぶりや能力などを評価すること。「人事査定」「人事評価」ともいいます。

〈問題2〉 5)

解説	「定期昇給」とは、毎年一定の時期に、勤続年数や年齢に応じて従業員の給料を上げること。対して、物価上昇などに応じて、従業員の給与を一律に上げることを「ベースアップ（ベア）」といいます。
問題の傾向	日本の会社独特のスタイルである「年功序列＝年齢や勤続年数で役職や立場を決める」「終身雇用＝採用したら定年まで雇用する」についても理解しておきましょう。

第2章
技能

■本章で学ぶこと
会議、文書、資料管理、日程管理など、秘書の実務について学びます。

■押さえておきたいポイント
グラフ作成とビジネス文書は、記述問題対策をします。実際に何度も書いて覚えましょう。

■効果的な学習法
他の章よりも広い範囲から細部にわたり出題されます。直前にまとめて勉強するのではなく、早くから始めてください。重要度に関係なくまんべんなく勉強することも大切です。

1 会議の種類と形式

頻出度 ★★★

合格のPoint　企業の方針決定や管理層の意思決定の多くは会議によって行われています。会議の種類や目的、形式を覚えておきましょう。

Lesson ▶ 「法定会議」はどんな会議？

NG　法定会議＝重役が出席する会議

OK　法定会議＝会社法で定めた会議

　会議は会社法に定められている「法定会議」と「非法定会議」があります。法定会議には「株主総会」と「取締役会」があります。

1　株式会社における会議の種類と形式　重要度 ★★★

●代表的な重要会議

法定会議 （年1回以上の開催が義務）	株主総会	経営の基本事項を決める最高意思決定機関で、取締役・監査役の選任、定款の改正、予算・決算の承認などを行う。メンバーは株主。
	取締役会	業務執行に関する意思決定機関で、経営計画や重要事項の決定、代表取締役の選任などを行う。メンバーは取締役全員。
非法定会議 （開催の義務はなく、企業が自由に開催）	常務会	実質的な経営に関する意思決定機関で、「重役会」「役員会」などともいう。メンバーは社長、副社長、専務取締役など。

●会議のスタイル

パネル・ディスカッション	意見の違うパネリスト（討論者）が討論し合い、その後、聴衆からの意見や質問を受ける
シンポジウム	専門家たちが、あるテーマについて講演形式で意見を述べ、その後、聴衆の質問に答える。学術会議に多いスタイル
フォーラム	1つのテーマについて参加者全員が意見を出し合う。誰でも参加できる
バズ・セッション	小グループで一定時間話し合った後、各代表者が意見をまとめて発表
ブレーン・ストーミング	意見やアイデアを自由に発表し合う。他人の意見を批判するのはタブー
円卓会議	参加人数は20人程度まで。席次はなく好きな場所に座り自由に話し合う

2 よく使われる会議用語　重要度 >> ★★★

招集・召集	会議のためにメンバーを集めること。召集は国会の場合
動議	会議中に、予定されたものとは別の議案を出すこと
採決	挙手や起立、投票などで、議案について賛成か反対かを決めること
定足数	会議を開くために必要な最少人数のこと
採択	議案や意見を正式に採用すること
諮問、答申	諮問は、上の立場の者（機関）が下の立場の者（機関）に意見を求めること。その答えが答申。諮問のために設けられる委員会は「諮問委員会」
分科会	大きな会議で議論された事項などを詳しく話し合うために、専門分野ごとに開く小さな会議
一事不再議の原則	いったん会議で決まった事項は、その会期中、二度と審議できないルール
キャスティング・ボート	採決で賛成・反対が同数のとき、議長が投票でどちらかに決められる権利
コンベンション	集会、大規模な催し
オブザーバー	会議で発言はできるが、議決権はない人のこと

3 会議の案内状作成　重要度 >> ★★

　会議の案内状には**参加者名**、**参加人数**、**席次**は記載しません。事前に配布したい資料があれば、案内状と同封します。

●案内状に記載する内容
①会議の**名称**　　②開催日時（**開始**と**終了**の時刻も忘れずに）
③開催場所（会場名、地図、住所、電話番号など）
④**議題**　　　　⑤出欠の連絡方法と連絡期限
⑥**主催者**の名前と連絡先
⑦駐車場や食事、交通手段と宿泊手配の有無

注：🌀印は過去に複数回、出題された用語です。

確認しよう！

3級レベル 〈問題1〉

次は、株主総会についての説明である。中から<u>不適当</u>と思われるものを一つ選びなさい。
1) 企業の経営における最高意思決定機関である。
2) 株主が参加する。
3) 株主の要求に応じて開催する。
4) 取締役・監査役の選任などを行う。
5) 参加者の投票により事項を決定する。

3級レベル 〈問題2〉

次は、会議に関する用語とその意味の組み合わせである。中から<u>不適当</u>と思われるものを一つ選びなさい。
1) 定足数　　　　＝　終了時間まで会議に参加していた人数
2) コンベンション　＝　集会、大規模な催し
3) 採択　　　　　＝　議案や意見が正式に採りあげられること
4) 諮問　　　　　＝　上位者が下位者に意見を求めること
5) 動議　　　　　＝　会議中に予定以外の議案や意見を出すこと

解答と解説

〈問題1〉 3)

解説	株主総会は法定会議で、年1回以上の開催が法律により義務づけられています。取締役会も法定会議です。
アドバイス	法定会議に対して、開催の義務はなく企業が自由に開催できる非法定会議があります。実質的な経営に関する意思決定機関で、常務会がこれにあたり、重役会、役員会ともいいます。

〈問題2〉 1)

解説	「定足数」とは、会議を開くために必要な最少人数のこと。
アドバイス	3)「採択」と「採決（挙手や投票などで、賛成か反対かを決めること）」など、似ている言葉はそれぞれの意味を正確に理解しておきましょう。

確認しよう！

2級レベル 〈問題1〉

次は、会議の形式と説明の組み合わせである。中から不適当と思われるものを一つ選びなさい。

1) バズ・セッション　　　　　― 小グループでの話し合い後、代表者が意見をまとめて発表する。
2) ブレーン・ストーミング　　― 他人の意見を批判せず、自由にアイデアや意見を出し合う。
3) パネル・ディスカッション　― 意見の違う討論者が聴衆の前で議論する。
4) シンポジウム　　　　　　　― 専門家が講演形式で意見を述べる会議で、学術的なテーマが多い。
5) フォーラム　　　　　　　　― 好きな席に座り、自由に話し合う。

2級レベル 〈問題2〉

次は、「一事不再議の原則」についての説明である。中から適当と思われるものを一つ選びなさい。

1) 予定していた会議のテーマは変更できない。
2) 同じテーマの会議には繰り返し参加できない。
3) 会議が2日にわたった場合、初日と2日目の議長は変更しなくてはいけない。
4) 会議で決まった事項は、その会期中、二度と審議できない。
5) 賛成・反対が同数のとき、議長が投票でどちらかに決められる。

解答と解説

〈問題1〉 5)

解説	「フォーラム」は、誰でも参加でき、参加者全員が意見を出し合う公開討論会。席次に関係なく自由に話し合うのは「円卓会議」。
アドバイス	次のような言葉をキーワードにして会議の形式を覚えておきます。 バズ・セッション―小グループ、ブレーン・ストーミング―他人の意見を批判しない、パネル・ディスカッション―意見の違う討論者、シンポジウム―学術的・学術会議、フォーラム―公開討論、円卓会議―席次

〈問題2〉 4)

解説	会議では予定されたものとは別の議案が出ることもあります（「動議」という）。 5)は「キャスティング・ボート」の説明。

2 会議における秘書の業務

頻出度 ★★★

合格のPoint 秘書には、会議前・会議中・会議後でそれぞれやる仕事があります。上司が主催する場合は、特に綿密な準備が必要です。

Lesson 会議で記録係になった時の席は…

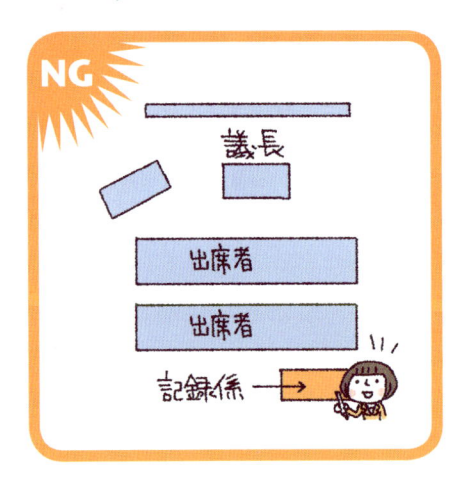

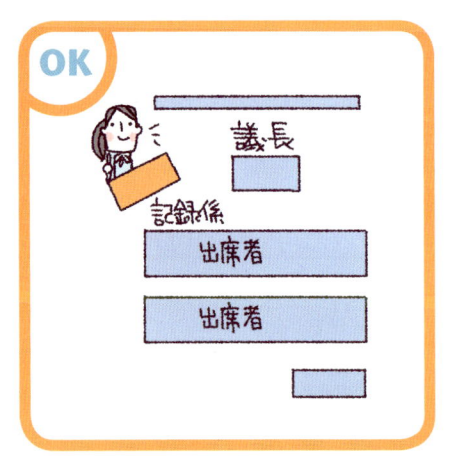

NG / **OK**

記録係は前方の席に座ります。オブザーバー（会議で議決権のない人）は後方の席に座ります。

1 上司が会議に出席する場合　重要度 ★

会議に上司が出席するときは、次の項目を押さえておきましょう。
①開催通知が来たら、社内会議か社外会議か、定例会議か臨時会議かを確認する。
②上司に**出欠**を確認する。
③出欠を期日までに**主催者**に連絡する。
④予定を**スケジュール**に記入する。
⑤必要な**資料**、会費などを用意する。
⑥会場の場所を確認、必要な**交通手段・宿泊先**を手配する。

2 上司が会議を主催する場合　重要度 ★★★

準備段階はやるべきことが多いので、漏れがないように注意しましょう。

46

	作業内容	注意点など
会議の準備	・**参加者のリストアップ** ・**会場選び**	上司に確認し、了承を得る
	・会場のセッティング ・**上司の意向や会議の内容・目的、予算に応じて選定** 　＊予約は秘書の名前で ・案内状の作成、発送	案内状は開催1カ月くらい前までに送る 文書が正式だが、社内会議ならＥメール、電話などが一般的
	<会議のスタイル> ●円卓式 座席に序列がなく、出席者がお互いの顔を見ながら自由に話せる。意見交換、アイデア会議などに向いている。参加人数は20人程度まで。 ●教室式（議事式） 参加者が多い会議や、説明会などの情報伝達を目的とする会議に向いている。このスタイルでは、記録係は前方に、オブザーバーは後方に席をとる。 ●口の字型 人数が多く、円卓式で間に合わないときは、中を空けて「口の字型」にする。 ●Ｖ字型 どの位置からでも前方が見やすいので、プロジェクターやビデオを使う研修会議などに多く用いられる。 ●コの字型 人数が多いときは「コの字型」にする。 ●…議長　●…参加者　●…記録係　●…オブザーバー	
会議の当日	・資料の用意 ・出欠の確認	
	・受付	資料の配付。定刻に来場していない参加予定者に連絡。出欠を確認して上司に報告する
	・会場の管理	照明、冷暖房の温度、換気などをチェック
	・接待	事前のプランに沿ってお茶や食事を提供する
	・その他	緊急の電話はメモで取り次ぐ。議事録を作成するならメモをとる
会議終了後	・必要に応じて参加者の車を手配 ・会場の片づけ、戸締まり	参加者の忘れ物などがないかチェックする
	・議事録（会議の記録文書）作成	記載内容：会議名、開催日時と場所、主催者・議長・司会者などの名前、参加者名と人数、議題、発言者の名前と発言概要、決議事項、記事録作成者の名前

第2章 技能

確認しよう！

3級レベル 〈問題1〉

次は、上司が社外会議に出席するときに秘書A子が行ったことである。中から不適当と思われるものを一つ選びなさい。
1) 会議の出席者を主催者に確認した。
2) 必要な資料を準備した。
3) 会場までの交通手段の手配をした。
4) 上司のスケジュールに会議の予定を入れた。
5) 主催者に出席の連絡を入れた。

3級レベル 〈問題2〉

次は、会議の会場設営の方式と説明の組み合わせである。中から不適当と思われるものを一つ選びなさい。
1) V字型 ― 前方が見やすいので、プロジェクターやビデオを使う研修会議などに使われる。
2) 教室式 ― 株主総会のように人数が多い会議や、説明会などの情報伝達のための会議に向いている。
3) コの字型 ― スクリーンやホワイトボードなどを使用する会議向きで、多くの人数が座れる。
4) 円卓式 ― 使うのは丸い形の机で、お互いが自由に意見を述べるアイデア会議などに向いている。
5) ロの字型 ― 席次がないので自由な雰囲気で話し合え、多くの人数が座れる。

解答と解説

〈問題1〉 1)

解説	上司が会議に出席するだけの場合は、出席者の顔ぶれや出席人数、席次の確認は不要。
アドバイス	上司が会議を主催する場合は、出席者を確認し、上司に了承を得ることが必要です。

〈問題2〉 4)

解説	机が丸くなくても、参加者全員が机を囲んで座る場合は円卓式といいます。丸い机がないときは、四角い机を合わせて正方形に近い形にしてもよいでしょう。参加人数は20人程度まで。
アドバイス	会議の会場設営のスタイルは、スクリーンなどを使う会議は「V字型」「コの字型（大人数）」、意見交換などの会議は「円卓式」「ロの字型」（大人数）、多数が参加する会議や説明会は「教室式」と覚えておきましょう。

確認しよう！

2級レベル 〈問題1〉

次は、秘書A子が上司から指示されて作成した社外会議の開催案内に、会議の名称・日時・場所、議題のほかに記入した事柄である。中から不適当と思われるものを一つ選びなさい。

1) 出欠の連絡方法と連絡期限
2) 出席者の氏名
3) 主催者の氏名と連絡先
4) 食事の有無
5) 交通手段

2級レベル 〈問題2〉

次は、秘書A子が上司主催の支社長会議の際に行ったことである。中から不適当と思われるものを一つ選びなさい。

1) 会議中に支社長の部下から緊急の電話が入ったので、メモで取り次いだ。
2) 会議の開催案内を作成し、開催日の1週間前までに送った。
3) 開催時間になっても来ていない支社長に電話して出欠を確認した。
4) 事前に遠方の支社長に、宿泊先の手配は必要かを確認した。
5) 遅れて来た支社長を案内する際、会議室後方のドアをノックせず、静かに開けて入室してもらった。

解答と解説

〈問題1〉 2)

解説	会議の開催案内には、出席者の氏名は記入しません。そもそも案内を出す時点では、出欠の確認はとれていないはずです。選択肢をよく読んで答えましょう。
アドバイス	外部の人に参加してもらう会議の開催案内は、電話やメールではなく正式な文書として送ります。また、会議に必要な資料があればそれも事前に送り、当日は忘れた人のために予備を用意しておくという配慮も必要です。

〈問題2〉 2)

解説	会議の開催案内は、開催1カ月くらい前までに送るようにします。社内会議の場合は、文書以外に、メールや電話で送っても構いません。
問題の傾向	「上司が主催する会議の準備」がよく出題されます。会議前・当日・会議終了後の秘書の業務を覚えておきましょう。社外の人を招く会議では、名札、席順、会場の入り口に表示する会議名についても準備が必要です。

3 社内文書

頻出度 ★★☆

合格のPoint
社内で連絡、報告、通知などを交わすために作成するのが「社内文書」です。1つの要件を「です・ます」体で簡潔に書きます。

Lesson ▶ 2件の社内会議の資料を作るときの注意は…

NG　紙と手間が無駄にならない♪

OK　1文書に1件が基本

ビジネス文書では、1文書1用件が原則です。用紙や手間を省くために複数の案件をまとめて書いてはいけません。

1 社内文書の名称と目的

重要度 ▶▶ ★★

社内文書の名称や基本パターンの特徴を覚えましょう。

稟議書		案件について上の人から決済や承認を受ける文書
報告書		業務の経過や結果を報告する文書（出張報告書、月報・日報など）
通知文		会社や上の人が決定した事項を伝える文書。社員はこれに従うのが基本（社員旅行の告知、研修会開催通知など）
通達文		社員に命令や指示を伝える文書
案内文		社員に情報を伝える文書。参加や利用は社員の自由 ※健康診断の案内、研修の案内など
進退伺		自分や部下の過失に際して、上司の処置を仰ぐ文書
始末書		自分や部下の不始末をわび、反省の意を示す文書
議事録		会議での主要事項、討議の状況、決定事項などを記録した文書

2 社内文書の基本パターン　重要度 ★★★

　社内文書にはあいさつを省略する、「です・ます」体にするなどの特徴がありますが、内容は異なっても基本のパターンはほぼ変わりません。

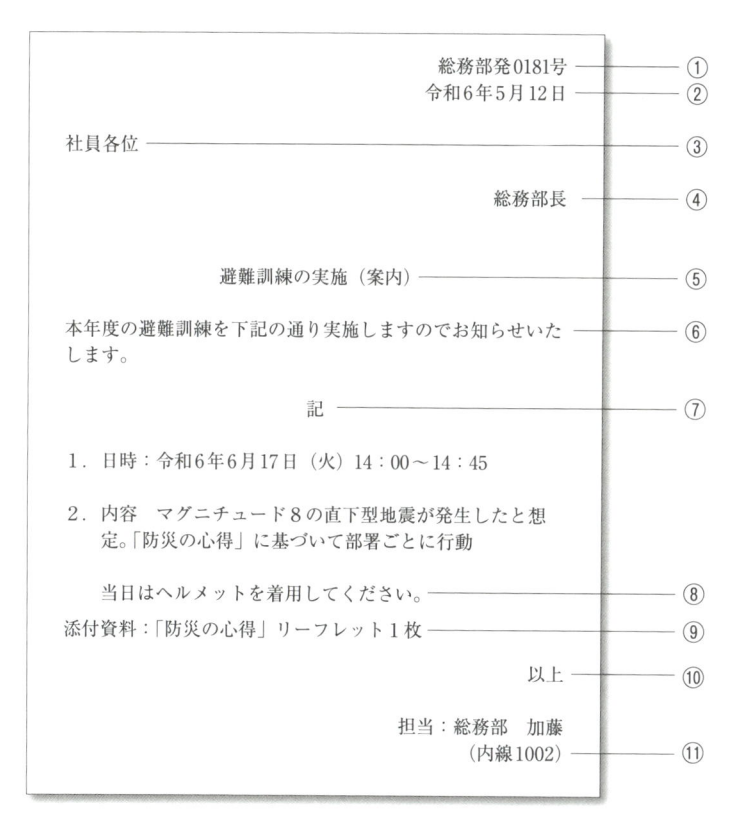

```
                                    総務部発0181号   ──①
                                    令和6年5月12日   ──②

社員各位 ──────────────────────────③

                                        総務部長     ──④


                    避難訓練の実施（案内）──────⑤

本年度の避難訓練を下記の通り実施しますのでお知らせいた ──⑥
します。

                        記 ──────────────⑦

  1. 日時：令和6年6月17日（火）14：00～14：45

  2. 内容　マグニチュード8の直下型地震が発生したと想
          定。「防災の心得」に基づいて部署ごとに行動

     当日はヘルメットを着用してください。──────⑧
  添付資料：「防災の心得」リーフレット1枚 ───────⑨

                                        以上 ──⑩

                            担当：総務部　加藤
                                （内線1002）────⑪
```

①**文書番号**：部署で作成した1年間の通し番号。省略することもある
②**発信年月日**：作成日ではなく発信した日付け。元(年)号が一般的だが、西暦も使う
③**受信者名**：多数に出す場合は「役職名＋各位」。個人宛てなら「様」「殿」などを適宜使い分ける
④**発信者名**：発信するセクションの責任者の役職名を書く
⑤**件名（標題）**：内容がわかりやすいタイトルを。最後に文書の種類を（　）かっこ書きで入れることもある。1文書1用件がルール
⑥**本文**：儀礼や丁寧さよりも簡潔さ・明確さが重要。2～3文にまとめるのが基本
⑦**記（記書き）**：日時、場所などを箇条書きにする
⑧**追記（副文）**：付け加えたいことなどを書く
⑨**添付資料**：資料があれば名称と枚数などを書く
⑩**結び**：文書が終わった合図として、必ず「以上」で締めくくる
⑪**担当者・連絡先**：この件に関する問合せ先を明記

確認しよう！

3級レベル 〈問題1〉

次は、社内文書の書き方について述べたものである。中から下線部不適当と思われるものを一つ選びなさい。

1) 記書きは箇条書きにする。
2) 発信日は文書を作成した日にする。
3) 用件は1文書に1用件だけにする。
4) 桁数が多い数字は、「,」（コンマ）を打って見やすくする。
5) 必要に応じて漢数字と算用数字を使い分ける。

3級レベル 〈問題2〉

次は、社内文書の種類と目的の組み合わせである。中から不適当と思われるものを一つ選びなさい。

1) 稟議書　―　上の人から決済や承認を受ける。
2) 通達文　―　社員に命令や指示を伝える。
3) 案内文　―　社員に情報を伝える。
4) 進退伺　―　自分や部下の不始末をわび、反省の意を示す。
5) 報告書　―　業務の経過や結果を報告する。

解答と解説

〈問題1〉 2)

解説	発信日は、文書を作成した日ではなく、発信した（出した）日を書きます。元（年）号が一般的ですが、西暦でも構いません。
アドバイス	5) 漢数字と算用数字の使い分けのルールについても覚えておきましょう。「六本木」などの固有名詞、「第三者」「一人二役」などの成語、「三、四名」「数十人」などの概数は、横書き文書でも漢数字を使うのが原則です。
問題の傾向	社内文書の作成は記述式でも出題されることがあります。実際に書いて覚えましょう。

〈問題2〉 4)

解説	「進退伺」とは、自分や部下の過失に際して、辞職すべきかどうかを上の人に伺う文書。不始末をわび、反省の意を示すために書くのは「始末書」。
アドバイス	次のような社内文書も覚えておきましょう。 伺い書＝上司に意見や指示を仰ぐ文書 届け出文書＝住所変更など必要事項を提出するための文書 回覧文書＝情報を順番に回して伝える文書

確認しよう！

2級レベル 〈問題1〉

次は、秘書A子が後輩秘書に社内文書の書き方について教えた事柄である。中から<u>不適当</u>なものを一つ選びなさい。

1) 多数に出す場合の受信者名は「役職名＋様」にする。
2) 発信者名は発信する部署の責任者の役職名にする。
3) 文書の最後には必ず「以上」と書く。
4) 発信日付は年号も省略せずに書く。
5) 頭語や時候のあいさつは省略する。

2級レベル 〈問題2〉

次のうち、「健康診断の実施」を社員に知らせるための文書の種類はどれに当たるか。中から適当と思われるものを一つ選びなさい。

1) 通知文
2) 報告書
3) 案内文
4) 回覧文書
5) 通達文

解答と解説

〈問題1〉 1)

解説	受信者名は、個人なら「役職名＋様、殿」、複数に出すなら「役職名＋各位」とし、氏名は書きません。
アドバイス	社内文書作成の基本ルールは次のとおりです。しっかり覚えておきましょう。 ①横書き ②1文書1用件 ③時候のあいさつや頭語・結語は省略 ④「です・ます」体 ⑤発信者名・受信者名は役職のみ

〈問題2〉 3)

解説	「案内文」は、社員に情報を伝えるための文書で、参加や利用は社員の自由です。 1)の「通知文」(上層部からの決定事項を伝えるための文書で、社員はこれに従うのが基本)、5)の「通達文」(社員に命令や指示を伝える文書) と区別して覚えること。

4 社外文書

合格のPoint　「社外文書」は会社間の商取引に使われる正式な文書ですから、儀礼やルールが重要視されます。

Lesson　依頼された社外文書を作成したとき、自分の名前は…

NG
受信者　部長○○
発信者　秘書A子
「部長依頼で私が作ったから!!」

OK
受信者　部長○○
発信者　部長△△
担当　秘書B子
「部長依頼で私が担当して作ったから」

社外文書は会社を代表して社外に発信するもの。発信・受信者は同格にするのがマナーです。

1 あいさつで使う慣用語句　重要度 ★★★

●頭語と結語の対応

	頭語	結語	用途
往信	拝啓	敬具	最も一般的
	謹啓	敬白・敬具	特に丁寧にするとき
	前略・急啓	草々	急ぐとき　＊「早々」としないように注意！
	冠省	不一	急ぐとき、前文を省略するとき
返信	拝復	敬具	慎んで丁寧に返事をするとき

●前文と末文で使われる慣用語

＜前文＞会社・団体宛て→ご繁栄、ご発展、ご清栄、ご隆盛
　　　　例：貴社ますますご発展のこととお喜び申し上げます。
　　　　個人宛て→ご健勝、ご清祥
　　　　例：貴殿におかれましてはますますご健勝のこととお喜び申し上げます。

＜末文＞まずは、取り急ぎ、略儀ながら　例：まずは略儀ながら書中にてご回答申し上げます。

2 社外文書の基本パターン　　重要度 >> ★★★

　社内文書とほぼ同じですが、わかりやすく、丁寧で、「ございます」「申し上げます」など敬語体にします。

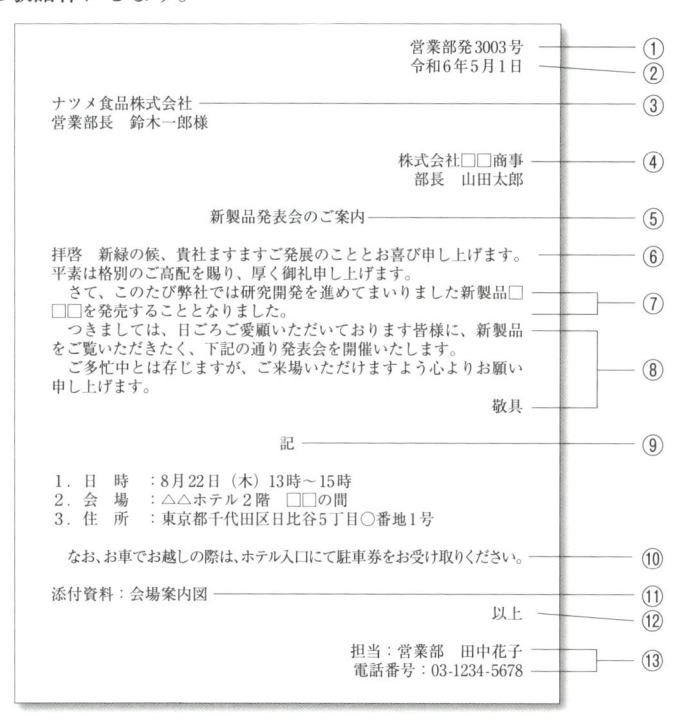

```
                                          営業部発3003号     ── ①
                                          令和6年5月1日     ── ②

ナツメ食品株式会社                                          ── ③
営業部長　鈴木一郎様

                                          株式会社□□商事    ── ④
                                          部長　山田太郎

                    新製品発表会のご案内                    ── ⑤

拝啓　新緑の候、貴社ますますご発展のこととお喜び申し上げます。── ⑥
平素は格別のご高配を賜り、厚く御礼申し上げます。
　さて、このたび弊社では研究開発を進めてまいりました新製品□
□□を発売することとなりました。                            ── ⑦
　つきましては、日ごろご愛顧いただいております皆様に、新製品
をご覧いただきたく、下記の通り発表会を開催いたします。
　ご多忙中とは存じますが、ご来場いただけますよう心よりお願い ── ⑧
申し上げます。
                                              敬具

                    記                                      ── ⑨

　1．日　時：8月22日（木）13時～15時
　2．会　場：△△ホテル2階　□□の間
　3．住　所：東京都千代田区日比谷5丁目○番地1号

　なお、お車でお越しの際は、ホテル入口にて駐車券をお受け取りください。── ⑩

添付資料：会場案内図                                        ── ⑪
                                              以上          ── ⑫

                                  担当：営業部　田中花子     ── ⑬
                                  電話番号：03-1234-5678
```

①②：社内文書①②に同じ
③**受信者名**：会社名・部署名なども正式名称で。団体・部署宛ては「御中」、役職名なら「殿」、個人名なら「様」が基本
④**発信者名**：受信者と同格の人にするのが基本
⑤：社内文書⑤に同じ
⑥**前文**：「拝啓」などの頭語を左寄せで書き、1字空けて時候のあいさつ、相手の繁栄などを祝う言葉を述べる
⑦**主文**：中心となる用件。次の行に1字空けて「さて」などから書き始める
⑧**末文**：締めくくりの文。1字空けて「まずは」「つきましては」などで書き始め、最後に「敬具」などの結語を右寄せで書く。頭語と結語の対応に注意
⑨**記（記書き）**：中央に「記」と書き、下に特記事項を箇条書きにする
⑩**追記（副文）**：「なお」で書き始めるのが一般的
⑪**同封物**：同封物があれば名称と枚数などを書く
⑫**結び**：「以上」は右寄せで。おわび状には「以上」は書かない
⑬**担当者・連絡先**：発信者と異なる場合に書く

確認しよう！

3級レベル 〈問題1〉

次は、社外文書の形式に関する用語とその意味の組み合わせである。中から<u>不適当</u>と思われるものを一つ選びなさい。

1) 末文　＝　最後の締めくくりの文
2) 前文　＝　用件に入る前のあいさつ文
3) 標題　＝　本文の内容を示す件名
4) 追記　＝　日時や場所など必要な情報を箇条書きにしたもの
5) 結び　＝　文書の内容が終わったことを示す言葉

3級レベル 〈問題2〉

次は、頭語と結語の組み合わせである。中から<u>不適当</u>と思われるものを一つ選びなさい。

1) 謹啓　—　敬白
2) 前略　—　草々
3) 拝復　—　敬具
4) 拝啓　—　敬具
5) 冠省（かんしょう）　—　敬具

解答と解説

〈問題1〉 4)

解説	「追記」は、注意事項や補足情報など、本文に付け加えたいことを書くこと。「なお、ご出欠は〇月〇日までにご連絡ください」のように、「なお」で書き始めるのが一般的。日時や場所は末文の後に箇条書きにし、これを「記書き」といいます。
問題の傾向	3級では「社外文書」の詳しい内容に関してはあまり出題されませんが、形式について問われることがありますので覚えておきましょう。

〈問題2〉 5)

解説	「冠省」は急ぎの文書に使う頭語で、結語は「不一（ふいつ）」になる。「前略」または「急啓（きゅうけい）」—「草々」も急ぎのときに使います。
アドバイス	頭語と結語の組み合わせはしっかり覚えておきましょう。「草々」を「早々」と書き間違えないように注意します。

確認しよう！

2級レベル 〈問題1〉

次は、文書の名称と説明の組み合わせである。中から<u>不適当</u>と思われるものを一つ選びなさい。

1) 督促状　―　約束を守るように催促する文書
2) 念書　　―　後日の証拠とするため、お互いに保有しておく文書
3) 照会状　―　相手の不備や間違いを指摘する文書
4) 委任状　―　ある事柄を他人に代行してもらいたいと意思表示する文書
5) 趣意書　―　ある事柄の目的や方針を述べた文書

2級レベル 〈問題2〉

次は、社外文書の書き方について述べたものである。中から<u>不適当</u>と思われるものを一つ選びなさい。

1) 社交文書には文書番号はつけない。
2) 会社宛ての受信者名には「御中」をつける。
3) 発信者と受信者の役職は同格にする。
4) 祝いごとに関する社交文書は発信日を「吉日」とする場合もある。
5) 受信者名は正式に書くが、発信者名は略して書いてもよい。

解答と解説

〈問題1〉 3)

解説	「照会状」は、不明点や疑問点を問い合わせるための文書。
アドバイス	会社に関連した文書には、次のようなものがあります。 依頼状＝お願いごとをする文書 通知状＝情報を伝える文書 おわび状＝謝罪する文書 上申書＝部下が上司に意見などを述べる文書

〈問題2〉 5)

解説	社外文書の受信者名と発信者名はどちらも正式名で書きます。 　例：株式会社コスモ青山　総務部長　伊藤啓治様
アドバイス	社外文書を作成するときの注意事項に加え、社外文書の形式と、どこに何を書くのかを正確に理解しておくことが必要です。

5 社交文書と慣用語句

頻出度 ★★★

合格のPoint 慣用語句とは場面に応じて使われる「決まり文句」のこと。漢字を書く問題も出題されるため、読み・書きができるようにしましょう。

Lesson ▶ 月と季節の組み合わせ、正しいのは…

NG：2月＝冬、8月＝夏

OK：2月 節分明けたら春、8月 立秋以降 秋

月と季節の組み合わせはよく出題されます。実際に体感する季節とは少し異なるので、自分の感覚ではなく、組み合わせをしっかり覚えましょう。

1 社交文書の種類と注意点　重要度 ★★★

社交文書は取引先などと良好な関係を保つために必要な文書です。種類ごとの注意点を押さえておきましょう。社交文書や私信では文書番号はつけません。

種類	目的	注意点
あいさつ状	転勤、異動、開設などのお知らせ	社員交代などの場合は前任者と後任者のあいさつを同時にする
礼状	相手に感謝の意を伝える	好意や援助を受けたらすぐに出す
見舞状	災害、事故、病気などを見舞う	状況を確かめて出す タイミングを考える 前文は書かない
慶弔状（けいちょう）	お祝いやお悔やみ 直接述べることができないときに電報や手紙で出す	お悔やみ状は前文を書かない 忌み言葉（縁起が悪いとして避ける言葉）は使わない
紹介状	人物を紹介する	目上の人宛て：封筒に入れて封はしない 目下の人宛て：自分の名刺に紹介文を書くこともある

58

● 時候のあいさつ

1月	新春の候　厳寒の候　寒さことのほか厳しい折
2月	向春の候　立春の候　余寒なお厳しい折
3月	浅春の候　春寒の候　春まだ浅いこのごろ
4月	陽春の候　春暖の候　春たけなわの季節
5月	新緑の候　薫風の候　惜春の候
6月	初夏の候　梅雨の候　向暑の候　庭のあじさい雨にぬれ
7月	盛夏の候　炎暑の候　大暑の候
8月	晩夏の候（立秋まで）　残暑の候（立秋以降）
9月	新秋の候　初秋の候　清涼の候
10月	紅葉の候　錦秋の候　秋涼の候
11月	晩秋の候　霜降の候　向寒の候
12月	師走の候　歳晩の候　寒冷の候

第2章　技能

2 ビジネス文書でよく使う慣用句　重要度 >> ★★★

ご査収ください	十分に調べて吟味したうえで受け取ってください
ご放念ください	気にしないでください
ご引見ください	会ってください
ご笑納ください	粗末な品ですが、受け取ってください
ご高配を承り	気を使ってもらって
ご高見を承りたい	優れたご意見を聞きたい
万障お繰り合わせのうえ	何とか都合をつけて
お手紙拝受いたしました	謹んで受け取りました

3 尊敬語と謙譲語　重要度 >> ★★

　相手のことに対しては尊敬語を、自分や社内のことに対しては謙譲語を用います。違いを理解して正しく使い分けましょう。

対象	相手に対して（尊敬語）	自分側に対して（謙譲語）
人・職業	様、貴殿、先生、貴職	私、当職
会社・団体	貴社、御社、貴店、貴行	当社、弊社
品物	結構なお品、ご厚志	粗品
手紙	ご書面、ご書状、お手紙	書中、愚書、手紙
心遣い	ご配慮、ご高配、お引き立て	配慮
訪問	ご来社、お越し、お立ち寄り	お伺い、ご訪問、参上

59

確認しよう！

3級レベル 〈問題1〉

次は、秘書A子が社交文書に関して注意している事柄である。中から不適当と思われるものを一つ選びなさい。
1) 見舞状には前文は書かない。
2) 目上の人宛ての紹介状は、封書に入れて封をする。
3) 礼状はすぐに出す。
4) 多人数に送る場合以外は、自筆にしている。
5) 基本的に縦書きにしている。

3級レベル 〈問題2〉

次は、ビジネス文書の慣用表現について述べたものである。中から不適当と思われるものを一つ選びなさい。
1)「拝受いたしました」は「受け取りました」という意味である。
2)「ご査収ください」は「判断して答えをください」という意味である。
3)「万障お繰り合わせ」は「何とか都合をつけて」ほしいときに使う。
4)「ご放念ください」は「気にしないで、安心して」ほしいときに使う。
5)「ご引見ください」は「会ってください」という意味である。

解答と解説

〈問題1〉 2)

解説	目上の人宛ての紹介状は、封書にして封はしません。目下の人宛ての場合、紹介者が自分の名刺に紹介文を書くこともあります。
アドバイス	社交文書はつきあい上の儀礼的な文書ですから、マナーやルール、出すタイミングが重要です。設問以外にも、前任者と後任者のあいさつ状は同時に出すこと、慶弔状には忌み言葉を使わないことを覚えておきましょう。

〈問題2〉 2)

解説	「ご査収ください」とは、「十分に吟味したうえで受け取ってください」という意味です。3)は「万障お繰り合わせのうえ、ご列席ください」などと使います。
アドバイス	ビジネス文書でよく使う慣用句には、次のようなものがあります。 ご容赦ください＝許してください、ご休心ください＝安心してください、 ご賢察ください＝察してください、ご恵贈いただき＝（物を）もらって 幸甚に存じます＝うれしく思います ご高見を拝聴したく＝あなたの意見を聞きたい

確認しよう！

2級レベル 〈問題1〉

次は、時候のあいさつとそれを使う月の組み合わせである。中から<u>不適当</u>と思われるものを一つ選びなさい。

1) 浅春の候 ― 3月
2) 新緑の候 ― 5月
3) 炎暑の候 ― 8月
4) 晩秋の候 ― 11月
5) 歳晩の候 ― 12月

2級レベル 〈問題2〉

次の（　）内に適当な慣用句を書きなさい。

1) 平素より格別の（　）を賜り、心より御礼申し上げます。
2) 貴社ますます（　）のこととお喜び申し上げます。
3) 略儀ながら（　）をもってごあいさつ申し上げます。
4) 粗品でございますが、（　）ください。
5) 万障（　）のうえ、ご出席いただきますようお願い申し上げます。

解答と解説

〈問題1〉 3)

解説	「炎暑の候」は7月の時候のあいさつ。8月は「残暑の候」「晩夏の候」など。実際の気候の様子と暦のうえでの気候は多少ずれることもあるので注意しましょう。

〈問題2〉 1) ご高配、ご厚情 など　2) ご繁栄、ご発展、ご隆盛 など　3) 書中、書面
4) ご笑納 など　5) お繰り合わせ

解説	次のような慣用句・慣用表現も覚えておきましょう。 拝受いたしました＝受け取りました、微力ながら＝わずかな力ですが、 所存＝〜するつもり、ご高名＝名前、ご自愛＝自分の体を大事にする、 取り急ぎ＝とりあえず。 また、「御社 ― 弊社」のような尊敬語と謙譲語の使い分けも理解しておくことが必要です。

6 グラフ（1）

頻出度 ★★

合格のPoint
グラフ作成の問題では、内容に適した種類のグラフを選ぶことが重要です。棒グラフと折れ線グラフは数量の多少や推移を表すのに向いています。

Lesson 過去3年分の売上推移のグラフ作成を依頼されたが…

NG シェアの推移

OK 売上推移

グラフを作成するときは、適切なグラフを選択し作成することがポイントです。

1 グラフの種類と選び方　重要度 ★★★

グラフは表す内容によって、どんな種類のグラフを用いればよいかが決まります。与えられたデータから最も適したグラフの作成方法を身につけましょう。

内容	グラフの種類
数量が多いか少ないか データの大小が棒の高低で表されるので、各項目を比較するのに適している 商品別、店舗別　など	➡ 棒グラフ
数量がどう推移・連動したか ある事項が時間や日付ごとに継続的に続いているものを表すのに適している 人数の推移や売上統計　など	➡ 折れ線グラフ
構成比率がどうなっているか 項目合計が100%で、各項目がどれだけの比率なのかを表すのに適している アンケート結果や年齢別　など	➡ 円グラフ 帯グラフ
構成比率がどう変化したか 同じ項目の比率がどう変化したのか比較して表すときに適している 売上構成比や年齢別推移　など	➡ 帯グラフ

2 棒グラフ　重要度 >> ★★

数量の大小を棒の長さで表します。
※「グラフ(2)-1　グラフ作成上の注意点」(P.66)を見て作成しましょう。
①棒の幅は同じにし、等間隔で並べる
②一部の棒だけが長い場合は中断記号（≈）を使う
③1つの項目について複数の棒を書くときは、色を変えたり濃淡をつけてわかりやすくする
④2本の棒を重ねて書くときは短いほうを前にする

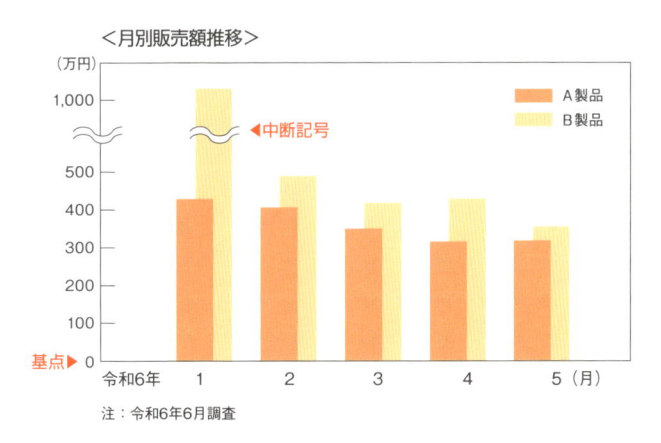

＜月別販売額推移＞

注：令和6年6月調査

3 折れ線グラフ　重要度 >> ★★

値に該当する位置に点を打ち、線で結びます。線の形で数量の変化を表します。
①縦軸に数量を書く
②横軸には時間や年度を左から右の順で書く
③複数の線を書く場合、実線と点線にする、色を変えるなどして区別する
④途中が空きすぎる場合は中断記号（≈）を使う

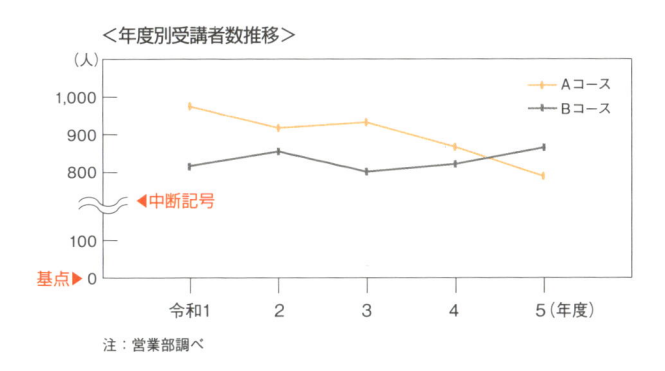

＜年度別受講者数推移＞

注：営業部調べ

確認しよう！

3級レベル 〈問題1〉

次は、グラフの種類と特徴の組み合わせである。中から不適当と思われるものを一つ選びなさい。

1) 折れ線グラフ ― 数量の推移や変動を表すのに適している。
2) 棒グラフ ― 数量の多少を比べるのに適している。
3) 円グラフ ― 内訳の構成比率の比較に適している。
4) 帯グラフ ― 内訳の構成比率を表すのに適している。

3級レベル 〈問題2〉

次は、折れ線グラフについての説明である。中から不適当と思われるものを一つ選びなさい。

1) 数量の多少を表すときに適している。
2) 時間の経過は左から右に時間が流れるように記入する。
3) 線の形で変化の様子を把握できる。
4) 複数の項目について表す場合は、線の種類を変える。
5) 縦軸の途中が空きすぎるときは、中断記号を用いる。

解答と解説

〈問題1〉 3)

解説	「円グラフ」は、単に内訳の構成比率を表すのに適しています。内訳の構成比率の比較に適しているのは、「帯グラフ」。年度ごとなど、複数の帯グラフを並べることで、それぞれの比率の変化を比べることができます。
アドバイス	各グラフの特徴を表すキーワードを押さえておきましょう。 折れ線グラフ→数の推移、棒グラフ→数の多少、円グラフ・帯グラフ→構成比率、帯グラフ→構成比率の比較

〈問題2〉 1)

解説	数量の多少を表すのに適しているのは「棒グラフ」。 「折れ線グラフ」は、物価統計、売上高などの推移や変化を見るのに適しています。
アドバイス	折れ線グラフで複数の項目を表す場合は、線の種類（実線――、点線……、1点鎖線―・―・― など）や色を変えます。

確認しよう！

3級レベル 〈問題3〉

次は、令和5年10月の製品A・B・Cの売上高をまとめた表である。これを見やすいグラフにしなさい。

製品名	A	B	C
売上高	1,200個	2,500個	1,000個

3級レベル 〈問題4〉

次は、製品Aの工場別製造量の推移を年度ごとに表したものである。これを見やすいグラフにしなさい。

工場名	令和2年	令和3年	令和4年	令和5年
千葉工場	2,000t	1,800t	2,100t	2,500t
神奈川工場	1,600t	1,900t	2,600t	1,800t

解答と解説

〈問題3〉 解答例

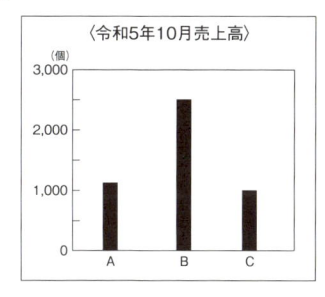

解説	数量を示す場合は棒グラフが適しています。タイトル、「個」などの単位、売上高の目盛り、基点の「0」も忘れずに書くこと。
問題の傾向	グラフ作成は、記述問題としてよく出題されます。書き方のポイントを頭で覚えるだけでなく、実際に書いて練習しておきましょう。

〈問題4〉 解答例

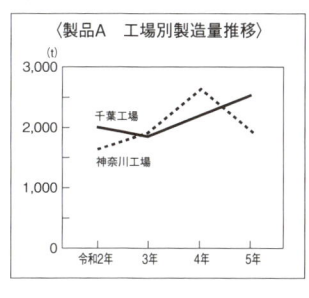

解説	数の推移を表すときは「折れ線グラフ」を用います。千葉工場と神奈川工場という2つの項目について書くので、実線と点線で書き分けます。解答例では折れ線の近くに工場名を記したが、グラフ内の空きスペースなどに「――：千葉工場 ……：神奈川工場」と凡例を入れてもよいでしょう。

＊棒グラフ、折れ線グラフは2級試験でも記述問題として出題されます。グラフの種類で迷わないように学習しましょう。

7 グラフ(2)

頻出度 ★★☆

合格のPoint 円グラフと帯グラフは構成比を表すのに適しています。タイトルや単位なども忘れずに書き入れましょう。

Lesson 資料を基にグラフ作成。注意することは？

NG / **OK**

グラフを作成するときは、タイトル（標題）、資料の提供者、単位や数字も忘れずに記入します。

1 グラフ作成上の注意点

重要度 >> ★★

- タイトル、**基点の0**、**単位**、数字を書き忘れないようにします。
- アンケート結果などの場合は、調査**期間**、調査**年月日**、調査**対象**なども書きます。
- データの**出所**も必要に応じて書きます。
- **色分け**したり、線の**種類**を変えるなどして、見やすくします。

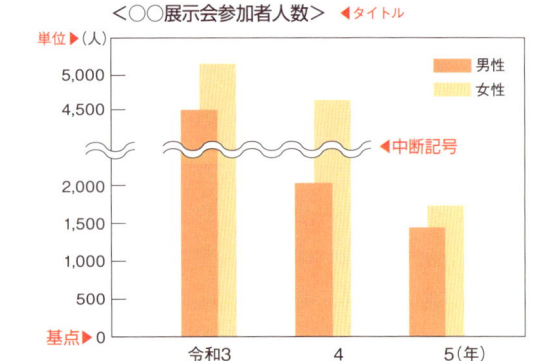

〈○○展示会参加者人数〉 ◀タイトル
単位▶(人)
5,000
4,500
〜〜〜〜〜〜〜〜〜 ◀中断記号
2,000
1,500
1,000
500
基点▶0
　　令和3　　4　　5(年)
　　　　　　　　　　男性／女性

注：令和6年3月、営業部調べ ◀データ出所

2 円グラフ

重要度 >> ★★★

円を100%とし、その項目が何%になるかを求め、扇形に分割していきます。「パイグラフ（パイチャート）」とも呼ばれます。
①基線を12時の位置に引き、大きい比率のものから時計回りに記入
②年代や、アンケートの集計結果（「好き」「やや好き」「どちらでもない」など）は、比率の大小にかかわらず、項目順に書く。「その他」「無回答」「わからない」は比率が大きくても最後に書く
③円内にスペースがないときは文字を外に書いてもよい
④タイトルは円の中央に入れてもよい

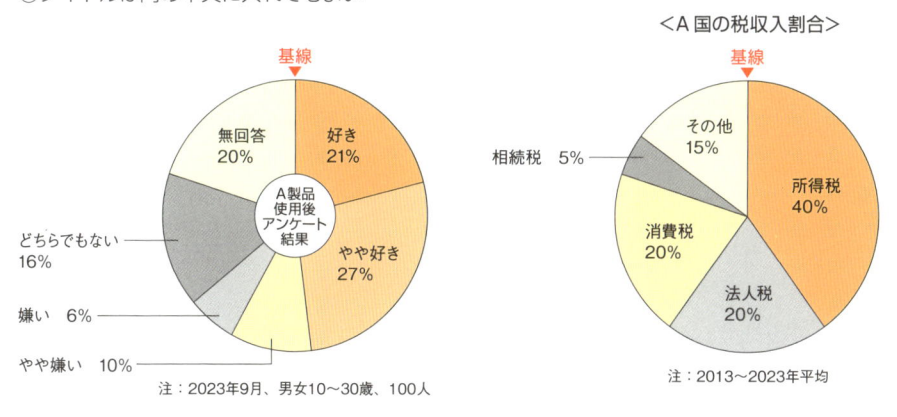

＜A製品使用後アンケート結果＞
基線
好き 21%
やや好き 27%
やや嫌い 10%
嫌い 6%
どちらでもない 16%
無回答 20%
注：2023年9月、男女10〜30歳、100人

＜A国の税収入割合＞
基線
所得税 40%
法人税 20%
消費税 20%
相続税 5%
その他 15%
注：2013〜2023年平均

3 帯グラフ

重要度 >> ★★★

帯全体を100%とし、その項目が何%になるかを求め、帯を区切っていきます。
①左から、大きい比率のものから順に記入。2つ目からは一番上の項目に合わせる
②年代や、アンケートの集計結果（「好き」「やや好き」「どちらでもない」など）は、比率の大小にかかわらず、項目順に書く。「その他」「無回答」「わからない」は比率が大きくても最後に書く
③複数の帯グラフを並べるときは、最初のグラフと項目の順番を合わせる。また、比べやすいように項目の境目は点線でつなぐ

＜A製品購買者年代別構成比＞

令和4年	10代以下 23%	20代 20%	30代 17%	40代 16%	50代 15%	60代 5%	70代以上 4%
令和5年	10代以下 15%	20代 25%	30代 16%	40代 24%	50代 6%	60代 8%	70代以上 6%

◀点線

確認しよう！

2級レベル 〈問題1〉

次は、グラフにしたい内容とグラフの種類の組み合わせである。中から<u>不適当</u>と思われるものを一つ選びなさい。

1) 自社製品売上高の推移　　　　　　　— 折れ線グラフ
2) 過去3年間の購買年齢層比率の比較　— 帯グラフ
3) 各部署の男女別社員数　　　　　　　— 棒グラフ
4) 新サービスの好感度調査結果　　　　— 円グラフ
5) 年度ごとの売上高構成比率の比較　　— 円グラフ

2級レベル 〈問題2〉

次は、円グラフについて述べたものである。中から<u>不適当</u>と思われるものを一つ選びなさい。

1) タイトルは円の中央に書いてもよい。
2) 時計回りに項目を並べていく。
3) アンケート調査の結果は、比率の大きいものから順に並べる。
4) 各項目の％を角度に換算して、円を扇形に分割する。
5) 円内にスペースがないときは文字を外に書く。

解答と解説

〈問題1〉 5)

解説	「円グラフ」は、内訳の構成比率を表すのには適し、年度ごとの項目の構成比率を比べるには「帯グラフ」が適しています。
アドバイス	帯グラフは、帯全体の長さを100％とし、項目の構成比を帯の面積で表すグラフです。同じ項目を年度別、国別、地域別などで比較する際に適しています。

〈問題2〉 3)

解説	円グラフでは、大きい比率のものから時計回りに記入するのが原則ですが、アンケートの集計結果（「良い」「どちらでもない」「良くない」など）や年代別のデータは、比率の大小に関係なく、項目順に並べます。また、「その他」「無回答」などは比率の大小にかかわらず最後に書きます。
アドバイス	円グラフは、円周全体を100％とし、項目の構成比を扇形の面積で表すグラフです。

確認しよう！

2級レベル 〈問題3〉

次は、秘書A子の会社で新たに商品化した化粧品Pの使用モニター結果である。A子は上司からこのデータをグラフにするように指示された。ふさわしいグラフを作成しなさい。

使いたい：15%　　　やや使いたい：20%　どちらでもない：25%
やや使いたくない：10%　使いたくない：5％　無回答：25%
（モニター実施期間：2023年10月11日～25日、対象：30代女性100人）

2級レベル 〈問題4〉

秘書A子は、上司から次のデータを渡され、「支社ごとの比較がしたい」と言われた。ふさわしいグラフを作成しなさい。

製品A支社別売上高構成比

支社名	東京	大阪	名古屋
2023年	55%	22%	23%
2022年	48%	35%	17%
2021年	45%	28%	27%

解答と解説

〈問題3〉 解答例

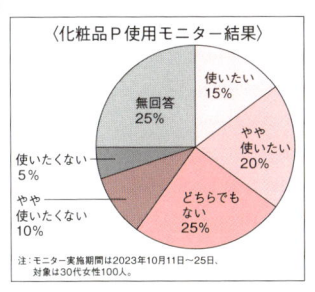

〈化粧品P使用モニター結果〉（円グラフ）
使いたい 15%／やや使いたい 20%／どちらでもない 25%／やや使いたくない 10%／使いたくない 5%／無回答 25%
注：モニター実施期間は2023年10月11日～25日、対象は30代女性100人。

解説 アンケートやモニター調査、意識調査の結果を表すには円グラフが適しています。これらの集計結果は、比率の大小にかかわらず項目順に書き、「無回答」は比率の大小にかかわらず最後に書くことに注意。

〈問題4〉 解答例

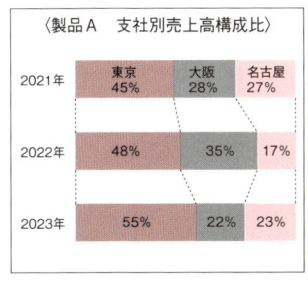

〈製品A　支社別売上高構成比〉（帯グラフ）
2021年　東京45%　大阪28%　名古屋27%
2022年　48%　35%　17%
2023年　55%　22%　23%

解説 1つの支社だけのデータなら円グラフでもよいが、3つの支社のデータを比較するので帯グラフが適当です。与えられたデータを見て、どのグラフがふさわしいかをイメージできるようにしておきましょう。

8 受信文書の取り扱い

合格のPoint　上司宛ての文書は、個人的な「私信」と、会社の業務に関係する「公信」に区別し、開封してよいかどうかを判断して処理します。

Lesson　社用封筒で送られてきた文書。正しい処理は？

NG　会社用の封筒だし♪

OK

社用封筒でも会社名が2本線で消してある場合は、私信か公信か不明なので、開封しないで上司に渡します。

1 「秘」扱い文書の処理　　重要度 >> ★★

「秘」扱い文書には会社の重要事項などが記されています。社内での取り扱いの仕方や、社外へ発送する際の注意点を押さえましょう。

社内での取り扱い	個人に渡す	封筒に「親展」と表示し封をする。できるだけ本人に直接渡す ＊「秘」とは書かない！
	部署に渡す	「文書受渡簿」に記録し、渡したら受領印をもらう
	配布する	文書に通し番号をつけ、配布先を記録。渡したら受領印をもらう
	コピーする	周囲に人がいないときに、必要枚数だけをとる。原本の置き忘れに注意
	処分する	シュレッダー（文書裁断機）にかける。ミスコピーも同様に破棄する ＊手で破いてはいけない！
	保存する	一般の文書とは区別し、鍵付きのキャビネットなどに入れる
	個人で保管する	離席するときは短時間でも机の引き出しにしまう

社外に発送	封筒	中が透けないように二重封筒を使用。内側の封筒に「秘」の印を押し、外側の封筒には「親展」と記す。どちらも封をする
	記録	「受発信簿」に記入する
	郵送方法	「書留」か「簡易書留」
	確認	発送後、相手に送った旨を電話で伝える

2 受信文書の処理　重要度>> ★

上司宛てに届いた文書は、以下のような手順で処理します。

①文書の種類を判断
- 開封してよい文書…**公信**、**ダイレクトメール**
- 開封してはいけない文書（➡「④上司に渡す」へ）…**私信**、**書留・現金書留**、**「親展」**と書かれたもの（「秘」扱い文書も含む）、私信か公信か不明なもの

②開封する

③必要な処理

- 重要箇所は概要をメモ書きして添えたり、アンダーラインを引く
- 封筒と文書をクリップでとめ、同封物があるときは確認してそれも一緒にとめる　*ステープラは使わない！
- 請求書や見積書は金額の正誤をチェックする
- 重要なもの、急ぎのものを上にして重ねる
- 明らかに不要なダイレクトメールは処分する
- 発信文書への返事には、発信した文書のコピーや関係資料を添える

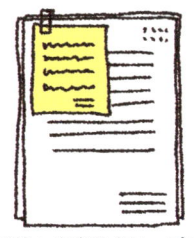

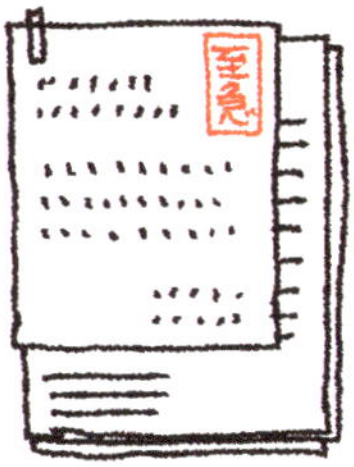

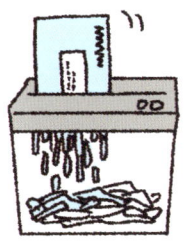

④上司に渡す

第2章 技能

確認しよう！

3級レベル 〈問題1〉

次は、秘書A子が文書の受信で行っていることである。中から<u>不適当</u>と思われるものを一つ選びなさい。
1) 私信か公信か不明なものは、開封せずに上司に渡している。
2) パーティーの開催案内には、開催日の上司のスケジュールをメモ書きにして添えている。
3) 宛て名が手書きのものは私信と判断し、そのまま上司に渡している。
4) 請求書や見積書は金額に誤りがないかをチェックしてから上司に渡すようにしている。
5) 「親展」と書かれたものは開封せずに上司に渡している。

3級レベル 〈問題2〉

次は、「秘」扱い文書の社内での取り扱いにおける注意事項を述べたものである。中から<u>不適当</u>と思われるものを一つ選びなさい。
1) 席を離れるときは必ず机の引き出しにしまう。
2) コピーするときは周囲に人がいない時間を選ぶ。
3) 渡すときは文書受渡簿に記録し、受領印かサインをもらう。
4) ミスしたコピーは、手で細かく破ってゴミ箱に捨てる。
5) できるだけ本人に直接渡す。

解答と解説

〈問題1〉 3)

解説	宛て名が手書きか印刷かで、私信（個人的な文書）か公信（仕事関係の文書）かは判断できません。会社名がなく、差出人の住所・氏名も手書きであれば、私信と判断して構いません。
アドバイス	開封してはいけない文書は、①私信、②書留・現金書留、③「親展（宛て名本人に開封して読んでほしいという意味の語）」と書かれたもの、④「秘」扱い文書、⑤不明なもの、です。原則として仕事に関するものは開封して構いません。

〈問題2〉 4)

解説	ミスコピーや廃棄する「秘」扱い文書は、シュレッダー（文書裁断機）にかけて処分しなければなりません。手で破いただけでは機密が漏れるおそれがあり、不十分です。
アドバイス	ケース別の「秘」扱い文書の処理方法を理解しておきましょう。

確認しよう！

2級レベル 〈問題1〉

次は、秘書A子が行った、上司宛ての郵便物の取り扱い方である。中から<u>不適当</u>と思われるものを一つ選びなさい。

1) 社名入りの封筒だが、社名が消してあったので、開封せずに渡した。
2) 現金書留は受信簿に記録後、封を開けて金額を確認してから渡した。
3) DM（ダイレクトメール）は開封して、上司が関心のありそうなものだけ渡した。
4) 速達はほかの郵便物の上に重ねて渡した。
5) 上司宛ての郵便物でも、ほかの担当者で用が済むものはその担当者に渡した。

2級レベル 〈問題2〉

次は、「秘」扱い文書を社外に発送するときの注意事項である。（　）内に適当な言葉を書きなさい。

1) 必ず（　）または（　）で送る。
2) 封筒は、中が見えないように（　）にする。
3) 発送したら、「秘」扱い文書を送ったことを相手に（　）する。
4) 封筒の表に「（　）」と書き、しっかり封をする。
5) 発送したら（　）に記録する。

解答と解説

〈問題1〉 2)

解説	上司宛ての現金書留を開封するのは不適当。ましてや中の金額を確認してはいけません。

〈問題2〉　1) 書留・簡易書留（順不同）　2) 二重封筒
　　　　　3) 連絡または電話　　　　　　4) 親展　　　5) 受発信簿または発信簿

解説	「秘」扱い文書を送るときは、中が透けないように二重封筒を使用します。内側の封筒に「秘」と記すか印を押し、外側の封筒には「親展」と記します。「秘」扱い文書であることがわからないように、外側には「秘」と書かないことに注意。
アドバイス	「秘」扱い文書の社外への発送では、①二重封筒、②書留、③「親展」というキーワードをしっかり覚えておきましょう。

9 郵便の基礎知識

頻出度 ★★☆

合格のPoint
郵便物は種類ごとに発送方法が異なります。はがきや封書の書き方のルールとあわせて覚えておきましょう。

Lesson 商品券を郵便で送ります。封筒の種類は…

NG 現金書留
OK 一般書留 「商品券と現金は違うから…」

郵便物の種類によって異なる発送方法を把握し、宛て名書きは何度も書いて覚えましょう。

1 一般的な郵便物　重要度 >> ★★

●通常郵便物
第一種（**封書**）と第二種（**はがき**）があり、重さとサイズ（定形・定形外）で料金が異なる。

●小包郵便物
通常郵便では送れないもの、**重い**もの、**大きい**ものを送る場合。ゆうパック、ゆうメール、レターパックなどがある。

2 用途に応じた郵便物　重要度 >> ★★★

●特殊取扱郵便物
①**速達**…早く届けたい場合。**右上部に赤線を引く**か、「**速達**」と**赤で書く**
②**書留**…現金を送る場合。以下の種類があり、いずれも**手紙を同封**できる

書留（一般書留）		現金以外の有価証券（商品券、小切手、手形など） ＊「秘」扱い文書も可
現金書留		50万円までの現金
簡易書留		重要書類や原稿など ＊「秘」扱い文書も可

③ **内容証明**…文書を出した証明がほしい場合
④ **配達証明**…郵便物が届いた証明がほしい場合
⑤ **特定記録**…出した記録は行うが、配達の記録はされない。

● 大量郵便物

大量の郵便物を送る場合は、以下のような方法が便利です。切手を貼らずに済むうえ、**料金**が割安になることもあります。

＊正式な文書や儀礼を重んじる文書の発送には使わない！

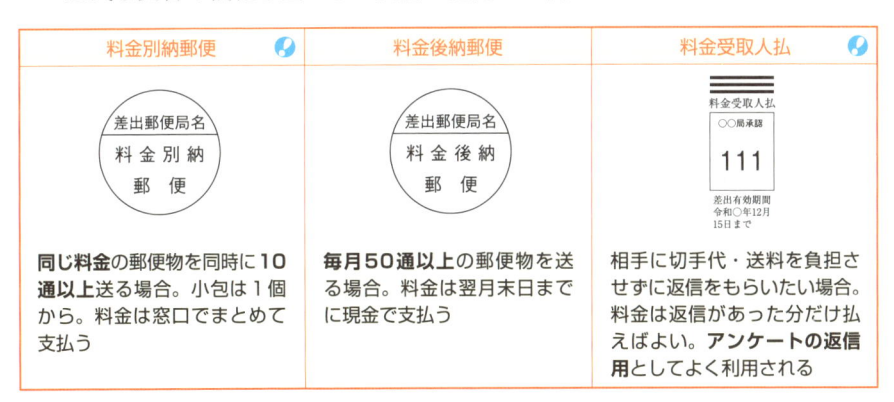

料金別納郵便	料金後納郵便	料金受取人払
差出郵便局名 料金別納 郵便	差出郵便局名 料金後納 郵便	料金受取人払 ○○局承認 111 差出有効期間 令和○年12月 15日まで
同じ料金の郵便物を同時に**10通以上送る**場合。小包は1個から。料金は窓口でまとめて支払う	**毎月50通以上**の郵便物を送る場合。料金は翌月末日までに現金で支払う	相手に切手代・送料を負担させずに返信をもらいたい場合。料金は返信があった分だけ払えばよい。**アンケートの返信用**としてよく利用される

3 封書とはがきの基本　重要度 >> ★★★

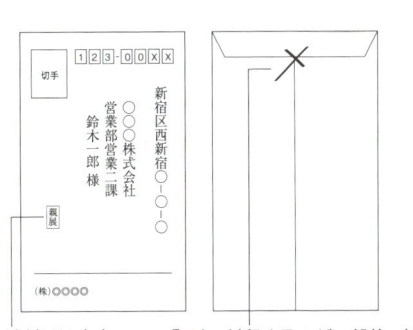

＜封書＞　　　　　　　　　　　＜往復はがき（返信）＞

脇付けは内容に応じて**左下**に**赤字**で書くのが基本

「〆」で封印するのが一般的。封は**のりづけ**する
＊セロハンテープやステープラは使わない！
横長式封筒の場合、切手は**右上**に貼る

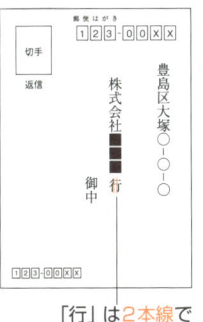

「行」は**2本線**で消して「御中」に

「御」などを**2本線**で消す。「喜んで」など一言添える。欠席の場合は、「**残念ですが**」など

75

確認しよう！

3級レベル 〈問題1〉

次は、郵便に関する知識を述べたものである。中から不適当と思われるものを一つ選びなさい。

1) 往復はがきは切り離してもそれぞれ単独で使える。
2) 定形外郵便はポストに投函してもよい。
3) 「速達」は通常郵便料金のほかに速達料金がかかる。
4) 請求書を送るときは、封筒の表面左下に「請求書同封」と朱書きする。
5) 封筒はのりづけで封をし、「〆」で封印する。

3級レベル 〈問題2〉

秘書A子は上司から、取引先に香典を現金書留で送ってほしいと言われた。次は、その際にA子が行ったことである。中から不適当と思われるものを一つ選びなさい。

1) 現金書留用の封筒がなかったので買いに行った。
2) 現金をそのまま現金書留用封筒に入れて送った。
3) 郵便局の窓口まで行って投函した。
4) 「速達」にするかどうかを上司に確認した。
5) お悔やみ状を作成し、上司に確認をとったうえで同封した。

解答と解説

〈問題1〉 4)

解説	封筒に請求書を入れて送るときは「請求書在中」と書きます。このように封筒の左下に赤で書く、内容物を表示する言葉を「脇付け」といいます。 例：親展、見積書在中、写真在中
問題の傾向	秘書が扱うことの多いはがきや封書についての知識がよく問われます。 記述問題で「往復はがきの返信の書き方」や「封書の宛て名の書き方」が出ることもあるので、実際に書いて練習しておくとよいでしょう。

〈問題2〉 2)

解説	香典を封筒に直接入れてはいけません。現金書留で送るときは、香典袋に現金を入れ、それを封筒に入れます。現金書留は速達扱いにすることができ、手紙や硬貨を同封することもできます。
問題の傾向	書留に関する問題もよく出題されます。書留→「秘」扱い文書・小切手・手形、現金書留→50万円までの現金、簡易書留→重要書類、と覚えておきます。

確認しよう！

2級レベル 〈問題1〉

次は、郵便物とそれを送るのに適切な方法の組み合わせである。中から<u>不適当</u>と思われるものを一つ選びなさい。

1) アンケート回収はがき ― 料金受取人払
2) Ａ４サイズの書類５枚 ― 定形外郵便
3) 新社屋完成記念パーティーの招待状50通 ― 料金後納郵便
4) 書籍１冊 ― ゆうメール
5) 商品券 ― 一般書留

2級レベル 〈問題2〉

秘書A子は上司から、返信はがきを「欠席」で出しておいてほしいと言われた。次のはがきに適当な形で書き入れなさい。

```
創立三十周年記念パーティ
御欠席
御出席
御芳名
御住所
        千代田区三番町○-一-○
        株式会社○△
        太田隆司
```
※本番の試験では住所・氏名の欄は書かなくてよい場合もあります。

解答と解説

〈問題1〉 3)

解説	同じ料金の郵便物を10通以上送る場合は「料金別納郵便」が適当。「料金後納郵便」は、毎月50通以上の郵便物を送るときに使います。似ているので混同しないように注意しましょう。新社屋完成記念パーティーの招待状は、10通以上でも慶事用の切手を貼るのが一般的。1)の「料金受取人払」は、相手に送料を負担させずに返事をもらいたい場合に使います。
アドバイス	郵便の種類名だけでなく、どのような場合に使うのかも覚えておきましょう。特に、特殊取扱郵便物（速達、書留）、大量郵便物の知識はしっかりと頭に入れておくこと。

〈問題2〉 解答例

```
創立三十周年記念パーティ
御欠席（○で囲む）
御出席（2本線で消す）このたびはおめでとうございます。残念ながら御欠席させていただきます。
御芳名
御住所
        千代田区三番町○-一-○
        株式会社○△
        太田隆司
```
※本番の試験では住所・氏名の欄は書かなくてよい場合もあります。

解説	注意点は次のとおり。 ・「御」などの文字を２本線で消す。 ・欠席は○で囲まなくてもよい。 ・「おめでとうございます」「残念ながら」「させていただきます」などの言葉を書き添えます。

10 ファイリング

頻出度 ★★☆

合格のPoint 必要な書類を素早く取り出すために、ファイリングの知識を身につけることが重要です。バーチカル・ファイリングとファイリング用具をしっかり覚えましょう。

Lesson　たくさんある資料の整理をすることに…

書類の種類によってファイル方法も異なります。見やすい、取り出しやすいなど、用途に合った方法を考えましょう。

1 書類の整理法　重要度 >> ★

書類整理の原則は「よく一緒に使う書類は1つのフォルダーなどにまとめる」ことです。書類の整理法の特徴を理解しておきましょう。

●整理法の種類

整理法	方法	用途
相手先別整理法	取引先別、部署別、個人別など相手先ごとにまとめる	手紙、照会に対する回答など、相手との一連のやりとりを把握したいもの
主題別整理法	テーマごとにまとめる	カタログ、新聞や雑誌の切り抜きなど。特定のテーマで探す可能性の高いもの
標題別整理法	書類の標題をタイトルにしてまとめる	「請求書」「見積書」「注文書」など
1件別整理法	1件の完結したものとしてまとめる	工事や取引、行事など、始めから終わりまでの経過を把握したいもの
形式別整理法	文書の形式をタイトルにしてまとめる	「年賀状」「案内状」「あいさつ状」など

2 バーチカル・ファイリング　重要度 >> ★★★

書類管理の一般的な方法が**バーチカル・ファイリング**です。書類をとじないでフォルダーに挟み、キャビネットの引き出しに垂直に立てて入れます。引き出し内のハンギングフレームに専用のフォルダー（ハンギングフォルダー）のツメをかけてつるす方法をハンギング式バーチカル・ファイリングといいます。

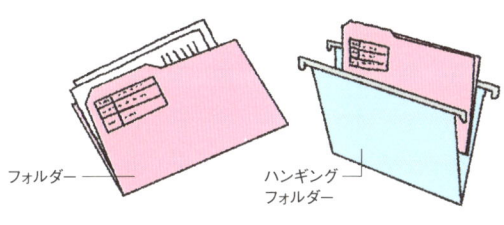

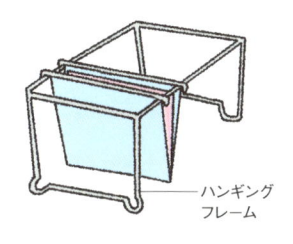

フォルダー　　ハンギングフォルダー　　ハンギングフレーム

3 ファイリング用具の種類　重要度 >> ★★★

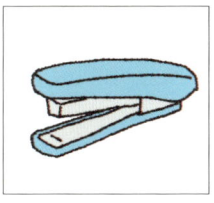

- **ステープラ**
  書類を挟んで針金でとじる。横書きの書類は左上をとじる。ホッチキスは商標名。

- **パンチ**（穴あけ機）
  書類にひもなどでとじるための穴をあける

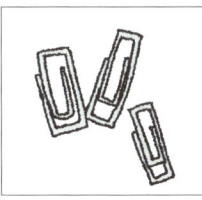

- **クリップ**
  書類を一時的にまとめておくときに使う。ゼムクリップともいう

- **ナンバリング**
  書類などに通し番号をつけるための道具

- **ファイル**
  中にとじ具がついている書類ばさみ

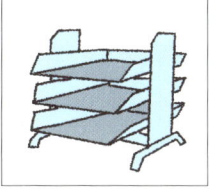

- **デスクトレー**
  （決裁箱）
  書類を保管しておくための箱。2段式・3段式などもある

- **キャビネット**
  事務用品や書類などを入れる引き出し式のオフィス家具

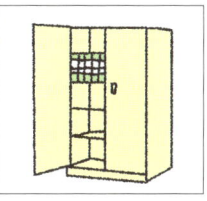

- **書庫**（保管庫）
  ファイルを立てて並べる書類棚

第2章 技能

確認しよう！

3級レベル 〈問題1〉

次の「　　　」内の説明に当てはまるファイリング用具はどれか。中から適当と思われるものを一つ選びなさい。

「フォルダーをグループごとに区切り、見出しとなる厚紙」

1) ガイド
2) パンチ
3) ラベル
4) キャビネット
5) ファイル

解答と解説

〈問題1〉 1)

解説	2)「パンチ」は、書類にひもなどでとじるための穴をあける道具。 3)「ラベル」は、タイトルを書いてフォルダーの見出し部分に貼るシール。 4)「キャビネット」は、フォルダーを保管する引き出し式の収納家具。 5)「ファイル」は、中にとじ具がついている書類ばさみ。 その他のファイリング用具もひと通り覚えておきましょう。 ・ステープラー ― 書類を挟んで針金でとじる ・クリップ ― 書類を一時的にまとめておく ・ナンバリング ― 書類に通し番号をつける道具 ・デスクトレー ― 決裁箱。書類を整理・保管する底の浅い箱 ・書庫 ― 保管庫。ファイルを立てて並べて保管できる棚
アドバイス	バーチカル・ファイリングでは主に次の用具を用います。イラストを見て使い方をイメージできるようにしておくことが大切です。また、ハンギング式バーチカル・ファイリングについても理解しておきましょう。

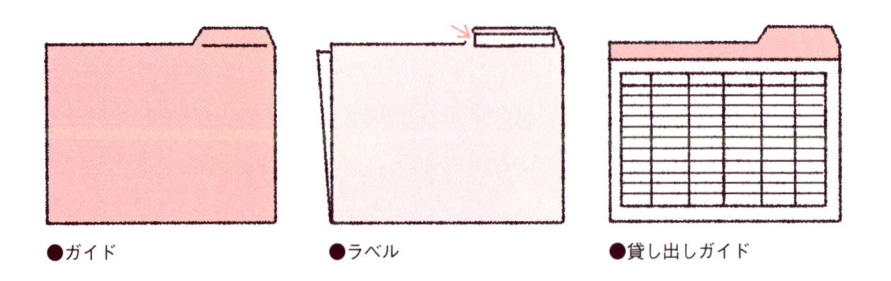

●ガイド　　●ラベル　　●貸し出しガイド

確認しよう！

2級レベル 〈問題1〉

次は、ファイリング用具と説明の組み合わせである。中から<u>不適当</u>と思われるものを一つ選びなさい。

1) ナンバリング　　　　　　― 書類などに通し番号をつける道具
2) デスクトレー　　　　　　― 机の上に置く、ペンなどの細かい文房具を入れる箱
3) 書庫　　　　　　　　　― ファイルなどを立てて並べておく書類棚
4) ハンギングフォルダー　　― 専用のフレームにつり下げるタイプのフォルダー
5) キャビネット　　　　　　― 書類などを入れる引き出し式の収納家具。

2級レベル 〈問題2〉

次は、整理したい書類とそれにふさわしい整理法の組み合わせである。中から<u>不適当</u>と思われるものを一つ選びなさい。

1) 雑誌や新聞の切り抜き　　　　　　― 主題別整理法
2) 工事の計画から完了までの一連の書類 ― 形式別整理法
3) 請求書や見積書　　　　　　　　　― 標題別整理法
4) 各取引先との連絡関係の書類　　　― 相手先別整理法
5) 年賀状やあいさつ状　　　　　　　― 形式別整理法

解答と解説

〈問題1〉 2)

解説	「デスクトレー」は、ペンなどの文房具ではなく、書類を一時的に入れておく箱。処理済みの書類は上段に、未処理の書類は下段にというように使うことができます。
問題の傾向	イラストを見て用具の名前を答える問題も出題されることがあります。実物と名前を結びつけて覚えておきましょう。

〈問題2〉 2)

解説	特定の工事や取引、行事など、最初から最後までの経過を把握できたほうが便利な書類に適しているのは「1件別整理法」。1件の完結した事柄に関する書類をひとつにまとめておく方法である。「主題別整理法」は、後で特定のテーマで探す可能性の高いものに向いています。
アドバイス	各整理法の特徴を理解しておきましょう。

11 資料管理

合格のPoint　資料は、利用したいときにいつでも使える状態に保つことが重要です。保管の方法と、不要になった書類の廃棄の仕方を学びましょう。

Lesson ▶ 終わった仕事の書類の正しい処理の仕方は…

NG：「もう見ない書類だし」
OK：「"5年間保存"が決まり」

書類の種類によって管理方法も異なります。見やすい、取り出しやすいなど、用途に合った方法を考えましょう。

1 保存と処分　重要度 ★★

　会社で扱う書類の中には法律で**保存期間**（「**永久保存**」「**5年保存**」など）が決められているものがあります。
　そうした書類は不要になってもすぐに処分せず、書類によって定められた保存期間が過ぎてから、機密の漏れを防ぐために**シュレッダー**（文書裁断機）などを使って廃棄します。

●古くなった資料の保管法

　時間がたって使用頻度が減った資料は手元に置いておく必要がないので、保管場所を変えます。その際、同じ室内で移動させることを「**移し替え**」、書庫室など別の部屋に移すことを「**置き換え**」といいます。
　キャビネットの上段に新しい資料を置くようにする「**上下置き換え法**」を用いると便利です。

上下置き換え法の例（上2段に本年度資料、下2段に前年度資料がある場合）
　①下2段の前年度資料を、保存するものと不要なものに区別
　②保存するものは書庫などに置き換え、不要なものは廃棄
　③上2段の本年度資料を、使用頻度の高いものと低いものに区別
　④使用頻度の高いものはそのままそこに残し、低いものは下2段に移す

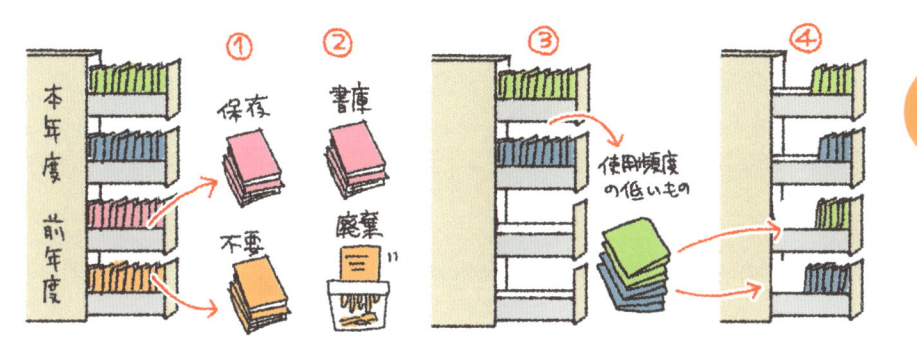

2 資料の貸し出し方法　　重要度 >> ★

　誰にどんな資料を貸し出したかを把握し、返却ミスなどを防ぐために、以下のような方法を用います。

●一部の資料を貸し出す場合

　貸し出す資料の代わりに、資料が入っていたフォルダーに「貸し出しガイド」をさしておく。

●フォルダー内の全資料を貸し出す場合

　「持ち出し用（貸し出し用）フォルダー」に資料を移し替えて渡す。
　＊フォルダーごと渡さない！

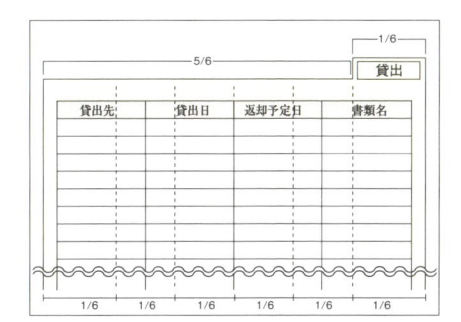

●貸し出しガイド
　資料名、貸出先、貸出日、返却予定日などを記入

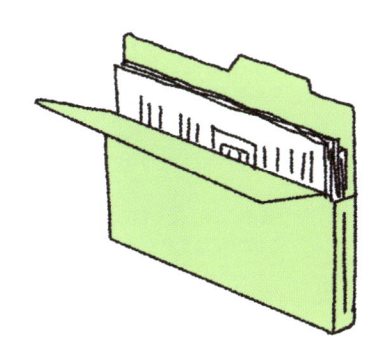

●持ち出し用（貸し出し用フォルダー）
　薄型で箱状のものが一般的

確認しよう！

3級レベル 〈問題1〉

次は、資料の貸し出しについて述べたことである。中から不適当と思われるものを一つ選びなさい。

1) 資料をフォルダーから抜いたら、そこに貸し出しガイドをさしておく。
2) 貸し出しガイドは、厚紙でできており、右端の山に「貸出」と記されている。
3) 資料が返却されたら、貸し出しガイドを見て間違いがないかを確認する。
4) フォルダー内の資料を全部貸し出すときは、フォルダーのまま渡す。
5) 資料を貸し出したら、貸し出しガイドの記入欄に必要事項を記入しておく。

3級レベル 〈問題2〉

次は、資料管理に関する用語と説明の組み合わせである。中から不適当と思われるものを一つ選びなさい。

1) 保管　　　—　重要な資料を鍵のかかる金庫に入れること。
2) 移し替え　—　古くなった資料を同じ部屋の中で移動させること。
3) 置き換え　—　古くなった資料を書庫室など別の部屋に移すこと。
4) 保存　　　—　あまり使わない資料を書庫室などで集中的に管理すること。
5) シュレッダー—　機密の漏れを防ぐために文書を裁断する機械。

解答と解説

〈問題1〉 4)

解説	フォルダー内の全資料を貸し出すときは、持ち出し用（貸し出し用）フォルダーに資料を移し替えて渡します。フォルダーごと渡してしまうと、貸し出したこと自体がわからなくなるおそれがあります。
アドバイス	資料の貸し出しにおいてポイントとなる用語は、「貸し出しガイド」と「持ち出し用（貸し出し用）フォルダー」です。「貸し出しガイド」には、貸出先・貸出日・返却予定日・資料名などを記入する欄が設けてあります。どのようなもので、どんなときに使うのかをしっかりと覚えておきましょう。

〈問題2〉 1)

解説	「保管」は、よく使う資料を事務室内で管理している状態。使いたいときにいつでも使える状態にしておくこと。
アドバイス	「保管」と「保存」、「移し替え」と「置き換え」の違いをしっかり理解しておきましょう。

確認しよう！

2級レベル 〈問題1〉

秘書A子は、新しい上司から、昨年の「株主総会議事録」を借りてくるように指示された。どの部署に行けば借りられるか。次の中から適当と思われるものを一つ選びなさい。

1）経理部　2）営業部　3）広報部　4）人事部　5）総務部

2級レベル 〈問題2〉

次は、秘書A子が資料管理について先輩秘書から教えられたことである。中から不適当と思われるものを一つ選びなさい。

1) 資料をすべて貸し出すときは、フォルダーはそのまま残し、中に貸し出しガイドを入れておく。
2) 使わなくなった資料は廃棄するが、法律で保存期間が定められているものは保存期間が過ぎてから廃棄する。
3) 「上下置き換え法」とは、キャビネットの下段によく使う資料を置くようにする整理の仕方である。
4) 貸し出した資料が戻ってきたら、資料がすべてあるかを確認し、貸し出しガイドを抜き取って元のフォルダーに戻す。
5) 法律で保存期間が決められているもの以外は、会社で定めた保存期間に従って保存する。

解答と解説

〈問題1〉 5)

解説	株式総会の事務を執り行うのは一般的に総務部なので、総務部に借りに行くのが適当。
アドバイス	資料などの取り扱い部署に関しても覚えておきましょう。 ・財務諸表など会計に関する資料 → 経理部 ・社内報など → 広報部 ・商品別売上、営業所別売上などに関する資料 → 営業部 ・株主、株主総会に関する資料 → 総務部 ・給与、採用、定期健康診断などに関する資料 → 人事部

〈問題2〉 3)

解説	「上下置き換え法」は、キャビネットの上段によく使う資料を置いて使いやすくするための整理の仕方です。P.83のイラストを見て、手順を覚えておくこと。

12 名刺整理

頻出度 ★★
合格のPoint

名刺は大切な情報源です。必要に応じてすぐに取り出せるように、適切な整理法と分類法を理解しておきましょう。

Lesson ▶ 上司の名刺管理。適切な整理方法とは？

個人別、会社別の五十音順や業種別など、名刺の整理や管理にはいろいろな仕方があります。

1 名刺の取り扱い　重要度 ★★★

名刺の整理、管理については以下の点に注意します。
- 上司から受け取った名刺や使った名刺を名刺整理箱に入れるときは、ガイドの**すぐ後ろ**に入れる。こうすれば、よく使う名刺や新しい名刺は前に、使わない名刺は後ろに集まり、整理しやすくなる
- 名刺には面会した**日付**、**用件**、相手の**特徴**をメモしておく
- 部署、肩書き、住所などが変わったときはすぐに訂正する
- 新しい名刺をもらったらすぐに**差し替える**
- 上司の個人的な名刺は**別にする**
- 1年に最低1回は整理し、不要な名刺は**破棄**する

2 名刺の整理法　重要度>> ★★★

名刺の整理の仕方には以下のような種類があります。

整理法	便利な点	不便な点
名刺整理簿	・一覧性がある ・名刺を探しやすい	・大きさが違う名刺は入れられない ・大量に入れられない ・差し替えが面倒
名刺整理箱	・出し入れ、追加、差し替えがしやすい ・一定サイズまでなら異なる大きさの名刺が入れられる ・大量に入れられる	・一覧性がない ・探すのに時間がかかる
パソコン	・膨大な量を入れられる ・追加、訂正、削除が簡単 ・素早く検索できる	・情報漏れを防ぐため、厳重なデータ管理が必要

3 名刺の分類法　重要度>> ★

●基本の分類法

名刺は「個人名」「会社名」「業種別」で分類します。個人名、会社名の場合は五十音順で分けます。

●便利な分類法 ―クロス索引（クロス検索）

「名前は覚えているけど、会社名があいまい」「会社名は知っているけど、名前がわからない」という場合に便利なのが、「クロス索引（クロス検索）」です。名刺とは別に下記のようなカードをつくって検索できるようにしておきます。

```
世界商事

中央区築地○-○-○
03-1234-XXXX
社長　小林雄二
専務　林正司

営業部長　渡辺博
```

```
渡辺博

世界商事
中央区築地○-○-○
03-1234-XXXX
営業部長
```

名刺を名前で分類したら、会社名ごとに作成　　名刺を会社名で分類したら、名前ごとに作成

確認しよう！

3級レベル 〈問題1〉

次は名刺の取り扱いについて述べたものである。中から不適当と思われるものを一つ選びなさい。
1) 新しい名刺をもらったらすぐに古い名刺と差し替える。
2) 名刺の量が多い場合は、名刺整理箱に入れて整理するのがよい。
3) 上司の個人的な名刺は仕事関係の名刺と別に保管する。
4) 名刺の住所や電話番号の訂正は、1年に1度まとめて行う。
5) 名刺の裏には、面会した日付、用件、相手の特徴などをメモしておく。

3級レベル 〈問題2〉

次は、パソコンによる名刺整理のメリットとデメリットについて述べたものである。中から不適当と思われるものを一つ選びなさい。
1) データが漏れないように厳重に管理する必要がある。
2) 必要な名刺がスピーディーに検索できる。
3) データの訂正が簡単にできる。
4) 名刺の数の増減に対応しづらい。
5) 個人情報のデータが簡単にコピーされやすい。

解答と解説

〈問題1〉 4)

解説	1年に1度というのは、最低でもその程度は名刺を整理して不要なものは破棄する必要があるということ。あいさつ状や変更通知などで、住所や電話番号、役職などが変わったことを知ったら、すぐに訂正しなければなりません。

〈問題2〉 4)

解説	パソコンによる名刺の整理には、①データの訂正や増減が簡単にできる、②素早く検索できる、③膨大な量を入れられる、というメリットがあります。デメリットは、情報漏れを防ぐために厳重な管理が必要になることです。
問題の傾向	最近は、パソコンによる名刺管理方法について出題されることもあります。メリットとデメリットをしっかり確認しておきましょう。

確認しよう！

2級レベル 〈問題1〉

次は、名刺整理箱による名刺整理の長所について述べたものである。中から<u>不適当</u>と思われるものを一つ選びなさい。
1) 一覧性があって見るのに時間がかからない。
2) 名刺を大量に入れられる。
3) 取り出しやすい。
4) 一定サイズ内であれば異なる大きさの名刺が入れられる。
5) 差し替えや追加がしやすい。

2級レベル 〈問題2〉

次は、名刺の整理について述べたものである。中から<u>不適当</u>と思われるものを一つ選びなさい。
1) 紹介状を持参した人の名刺には、紹介者の名前をメモしておく。
2) 名刺の量が多い場合は、データ化してパソコンで管理すると便利である。
3) 名刺整理箱から取り出した名刺は、入れてあった元の場所に戻す。
4) 同じ人の名刺が複数あるときは、一番新しいものだけを残し、ほかは破棄する。
5) 名刺を個人名で分類したら、別に会社名ごとのカードを作っておくと検索しやすい。

解答と解説

〈問題1〉 1)

| 解説 | 一覧性があるのは「名刺整理簿」による整理法です。名刺整理簿は、ファイル形式になっていて台紙のポケットに名刺を差しこんでいくタイプのものが一般的です。1ページに複数の名刺を差しこんでおけるので見やすく、名刺が少ない場合は便利ですが、差し替えがしにくく、名刺の増減に対応しづらいというデメリットがあります。 |

〈問題2〉 3)

| 解説 | 名刺整理箱から取り出した名刺や追加する名刺は、ガイドのすぐ後ろに入れるようにします。こうすれば自然と、よく使う名刺や新しい名刺は前に、使わない名刺や古い名刺は後ろに集まるので整理しやすくなります。不要になった名刺はシュレッダーにかけるか、細かく破って処分します。 |

13 情報の管理

合格のPoint　新聞や雑誌から仕事に必要な記事を切り抜いて保管するのも秘書の役割です。また、上司宛ての電話の伝言の仕方もあわせて覚えておきましょう。

Lesson　新聞や雑誌の情報を集めるように言われました

NG：紙はムダなく！
OK：1テーマ1枚

新聞や雑誌の切り抜きはＡ４サイズの台紙に統一し、1枚1記事にします。

1 カタログ・雑誌の整理法　重要度 ★★

●カタログの整理
- **製品**別に分類する。
- 総合カタログなど厚いものは**書棚に立て**、薄いものは**ハンギングフォルダーに入れて**保管する。
- 1年に1回はチェックして不要なものは処分する。**古いもの**も、新しいものを入手したら処分する。
- 自社のカタログは**古くなっても保存**する。

●雑誌の整理
- 届いた**日付**を控えて、上司の部屋や応接室には常に最新号を置く。
- 古い号は半年～1年分をまとめて**合本**（数冊の本をまとめて1冊に製本すること）し、保存する。
- 保存期間は、通常、一般誌は**1**年、専門誌は最長**5**年。

2 雑誌・新聞の切り抜き方　重要度>> ★★

切り抜きは、新聞は**翌日**以降、雑誌は**次号発刊**後に以下のような手順で行います。切り抜けない場合や両面にほしい記事がある場合は**コピー**します。

①テーマ別に分類する。
　↓
②切り抜く記事をマーカーなどで囲む。
　↓
③Ａ４版の用紙に１つの記事だけを貼る。
　＊スペースがあれば同じテーマのものを複数貼ってもよい
　↓
④掲載元のデータを余白に記入する。

新聞なら「紙名」「日付」「朝夕刊の区別」（地方版は「地方版名」）
雑誌なら「誌名」「発刊年月日」「号数」「ページ番号」

3 新聞・雑誌・カタログ関連用語　重要度>> ★★★

旬刊	10日に１回発行されるもの　＊上旬、中旬、下旬の「旬」と覚える！
季刊	１年に４回発行されるもの　＊「季」は四季の「季」と覚える！
タブロイド版	普通の新聞紙の２分の１サイズの大きさのこと
全国紙	全国で発行されている新聞
地方紙	地方で発行されている新聞
地方版	新聞で地方の情報を掲載した面のこと
社説	新聞社が自社の意見として掲載する論説のこと
コラム	ニュース以外の個人的な意見や考えなどが書かれた記事
リーフレット	チラシなどの１枚ものの印刷物
総合カタログ	会社の全商品をまとめたカタログ
パンフレット	商品などを紹介する冊子

4 電話の伝言の仕方　重要度>> ★

上司不在中に電話があったら、**伝言メモ**を作成し、**すぐにわかる**場所に**セロハンテープ**などで貼っておきましょう。口頭で確認することも必要です。

①いつ：電話を受けた日時
②誰に：誰宛てにかかってきたか
③誰から：相手の会社名、役職（相手が言った場合）、
　　　　　氏名（漢字がわからなければカタカナで）
④用件：５Ｗ２Ｈ（誰が・いつ・どこで・何を・どうする・なぜ・いくらで）を基本として簡潔に
⑤誰が：電話を受けた者の氏名

確認しよう！

3級レベル 〈問題1〉

次は、印刷物に関する用語と説明の組み合わせである。中から不適当と思われるものを一つ選びなさい。

1) リーフレット ― 宣伝や案内のための1枚ものの印刷物
2) 社説 ― 新聞に読者が投稿した意見や考え
3) 総合カタログ ― 会社の全製品・サービスを1冊にまとめた印刷物
4) 旬刊 ― 10日に1度発行される印刷物
5) バックナンバー ― 定期的に発行される印刷物のすでに発行された号

3級レベル 〈問題2〉

次は、秘書A子が行っているカタログの整理方法である。中から不適当と思われるものを一つ選びなさい。

1) 1年に1回は点検して不要なカタログは処分している。
2) 自社のカタログは古くなっても保存しておく。
3) 総合カタログは書棚などに立て、リーフレットはハンギング・フォルダーに入れて保管している。
4) カタログは会社別に分類している。
5) 新しいカタログを入手したら古いものは処分している。

解答と解説

〈問題1〉 2)

解説	「社説」とは、新聞社が自社の意見として新聞に載せる論説文のこと。そのときに話題になっている出来事や重大事件がテーマになることが多い。
アドバイス	新聞・雑誌・カタログなどの用語とその意味を問う問題が出題されることがあります。次の用語も覚えておきましょう。 ・絶版 ― 売り切れ後、印刷や販売をしていない印刷物 ・総目次 ― 雑誌などの一定期間、または全号の目次をまとめたもの ・索引 ― 書籍などに記載された言葉を抜き出して、五十音順などに並べたもの ・落丁 ― 印刷物のページが抜け落ちていること

〈問題2〉 4)

解説	カタログは会社別ではなく商品別に整理するのが基本。会社別にしておくと、商品を探すときにすべてのカタログを見なければならないので不便です。

確認しよう！

2級レベル 〈問題1〉

次は、秘書A子が先輩秘書から教えられた新聞の切り抜き方法である。中から<u>不適当</u>と思われるものを一つ選びなさい。

1) 台紙はＡ４版にそろえ、１枚に１つの記事だけを貼るようにする。
2) 必要な記事を見つけたら、忘れないようにすぐに切り抜く。
3) 記事が何段にも渡って形が複雑なものは、読みやすいように形を整えて貼る。
4) 切り抜きたい記事が両面にある場合は、どちらかをコピーする。
5) 余白に「紙名」「日付」「朝刊か夕刊か」を記入する。

2級レベル 〈問題2〉

次は、印刷物に関する用語と説明の組み合わせである。中から<u>不適当</u>と思われるものを一つ選びなさい。

1) 地方紙　　　― 新聞で地方の情報を掲載した面
2) タブロイド版 ― 普通の新聞の２分の１サイズのもの
3) パンフレット ― 商品などを紹介する冊子
4) 隔月刊　　　― ２カ月に１回発行される印刷物
5) 奥付　　　　― 本の著者名や発行所名、発行年月日などを記載した部分

解答と解説

〈問題1〉 2)

解説	必要な記事を見つけてもすぐに切り抜いてはいけません。新聞の場合は翌日以降、雑誌の場合は次号が出たら切り抜きます。1）のように、１枚の台紙に１つの記事を貼るのが基本ですが、同じテーマなら１枚に小さい記事を複数貼っても構いません。
アドバイス	新聞と雑誌の切り抜きに関しては、以下のポイントを押さえておきましょう。 ・新聞は翌日以降、雑誌は次号発刊後 ・テーマごとに分類 ・記事をマーカーで囲む ・Ａ４版用紙に１記事 ・データを余白に記入

〈問題2〉 1)

解説	「地方紙」は、地方で発行されている新聞のこと。新聞で地方の情報を掲載した面は、「地方版」といいます。混同しないように注意。

14 スケジュール管理

頻出度 ★★

合格のPoint
「スケジュール管理」は試験頻出項目です。予定表の記述問題が出されることもありますから、実際に書く練習をしておきましょう。

Lesson 上司の急な予定変更でスケジュールを調整することに…

NG
3日に急用が入ったよ
ではT社様とのお約束は明後日に変更していただきます

OK
3日に急用が入ったよ
ではT社様とのお約束は先方のご都合のよい日を2、3お聞きして調整します

こちらの都合で予定を変更する場合は、まずは先方の都合のよい日を2、3聞いて調整します。

1 予定表の種類　重要度 ★

予定表には以下の種類があります。上司の私的な予定は秘書の手帳などに書いておきます。

年間予定表	1年間の行事予定を記入。株主総会、定例役員会、創立記念日、夏期休暇など
月間予定表	その月の予定を記入。出張、会議、会合、訪問、年間行事など
週間予定表	その週のある程度確定した予定を時間単位で記入
日々予定表（日程表）	その日の予定を分単位で記入。備考欄に訪問先の場所や電話番号などの情報、注意事項なども書いておく

2 予定表作成時の注意点　重要度 >> ★★

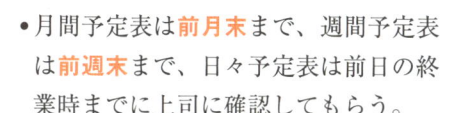

- 月間予定表は前月末まで、週間予定表は前週末まで、日々予定表は前日の終業時までに上司に確認してもらう。
- 月間、週間予定表は上司と秘書が1部ずつ持ち、必要に応じて関係者にもコピーして渡す。
- 簡潔にわかりやすく表示する。会議は○、出張は□など、定例業務は記号で表すと見やすい。
- 変更があった場合は、前の予定もわかるように2本線で消して書き換える。
  ＊上司と秘書、両方の予定表を書き換えること！

週間予定表			11月
日	曜	8 9 10 11 12 1 2 3 4 5 6 7 8 9	備考
4	月	支店長会議　高田氏と面談　A氏懇談会	
5	火	企画会議	
6	水	部会　多田氏と面談	

記述問題で出題される可能性あり。「週間予定表」を実際に書いて覚えましょう。

3 スケジュールの変更　重要度 >> ★★

● こちらの都合による変更

できるだけ早く先方に連絡しておわびをします。改めて先方の希望を聞き、上司の意向を聞いて日程を調整したうえで、決まったら先方にすぐに連絡します。

● 先方の都合による変更

変更希望日時を聞き、予定を調整して上司の確認を得たうえで先方に連絡します。

4 出張時の仕事　重要度 >> ★★

上司の出張において、秘書は次のように3段階に分けてやるべき業務があります。

出張前
- 日程を組んで出張日程表を作成後、上司に確認
- 上司の意向と社内規定を考慮し、交通手段、宿泊先を手配
- 所持品や旅費の準備

出張中
- 留守中の出来事を報告するメモを作成
- 普段手が回らない仕事（ファイリング、切り抜きなど）
- 郵便物の保管、整理

出張後
- 留守中の出来事の報告
- 旅費や経費の精算
- 出張報告書作成の手伝い
- 必要に応じて、お世話になった人へのお礼状送付

確認しよう！

3級レベル 〈問題1〉

次は、予定表の種類と説明の組み合わせである。中から<u>不適当</u>と思われるものを一つ選びなさい。
1) 日々予定表 ― その日の予定を分単位で記入する。
2) 出張日程表 ― 通常の予定表とは別に出張のときに作成する。
3) 週間予定表 ― 1週間の確定した予定を分単位で記入する。
4) 年間予定表 ― 1年間に行われる社内外の主要行事を記入する。
5) 月間予定表 ― その月の予定を記入する。

3級レベル 〈問題2〉

次は、秘書A子がスケジュール管理において心がけていることである。中から<u>不適当</u>と思われるものを一つ選びなさい。
1) こちらの都合で予定を変更するときは、すぐに先方におわびの電話を入れ、上司の指示に従って調整している。
2) 予定に変更があったときは、上司と自分両方の予定表を修正している。
3) 会議や出張の直後の時間にはできるだけ予定を入れないようにする。
4) 日々予定表の備考欄に、訪問先の場所などの補足情報や注意事項を記入している。
5) 予定が変更になったら、予定表を配布している関係者に連絡し、変更後の予定表を配り直す。

解答と解説

〈問題1〉 3)

解説	「週間予定表」には、1週間の確定した行動予定を時間単位で記入します。
アドバイス	年間・月間・週間・日々の予定表に、それぞれどのようなことを記入するのかを理解しておくことが必要です。なかでも週間予定表は最もよく使われるものなので、しっかり覚えておきましょう。

〈問題2〉 5)

解説	予定が変更になった場合は、予定表を配布している関係者に連絡し、新たな予定表を配るのではなく、予定表の修正を依頼します。
アドバイス	月間予定表は前月末まで、週間予定表は前週末まで、日々予定表は前日の終業時までに上司に確認してもらい、上司と秘書が1部ずつ持つようにします。また、上司の私的な予定については、秘書の手帳などに書いておくか、別に予定表をつくることも覚えておきましょう。

確認しよう！

2級レベル 〈問題1〉

次は、秘書A子が販売部長である上司の予定表に記入する際に行ったことである。中から<u>不適当</u>と思われるものを一つ選びなさい。
1) 会議や出張など、日常的な業務は△、□などの記号で書いた。
2) D社のパーティーに専務と一緒に行くことを「D社パーティー出席、専務同行」と書いた。
3) K社に立ち寄り、そのまま自宅に戻ることを「K社訪問後直帰」と書いた。
4) 予定に変更があったので、前の予定を消して新しい予定に書き換えた。
5) 朝、自宅からC社を直接訪問することを「C社直行」と書いた。

2級レベル 〈問題2〉

次は、秘書A子が出張準備のために上司に確認したことである。中から<u>不適当</u>と思われるものを一つ選びなさい。
1) 出発日と出張期間
2) 出張の目的
3) 出張先で必要な書類
4) 交通手段と宿泊先の希望
5) 仮払いの金額

解答と解説

〈問題1〉 4)

解説	予定に変更があったときは、前の予定もわかるように2本線で消して書き換えます。
アドバイス	予定変更に関わるその他の注意事項は以下のとおりです。覚えておきましょう。 ・予定が重なったときは、どちらを優先させるのか上司に確認する。 ・予定が変更になったら、関係者に漏れなく連絡する。 ・上司用と秘書用の両方の予定表を書き換える。
問題の傾向	予定表を書く記述式問題が出題されることもあります。実際に書く練習をして、試験に備えておきましょう。

〈問題2〉 2)

解説	「出張の目的」は、秘書が確認するべきことではありません。
アドバイス	海外に出張する場合は、パスポートやビザ、海外出張保険などの準備も必要になります。

15 オフィス環境の整備

頻出度 ★★☆

合格のPoint　上司が働きやすいようにオフィスの環境を整えておくのも秘書の役目です。事務用品やオフィス機器に関する知識も身につけておきましょう。

Lesson　オフィスのレイアウト変更。秘書の席はどこに配置する?

NG
上司から呼ばれたら自分の席に座ったまますぐにこたえられるように!

OK
お客様の出入りが把握できて、上司とは向き合わないように

上司と秘書が同室の場合は、机が向かい合わないようにします。秘書の席は、お客様の出入りが把握できる入り口近くにします。

1 室内管理のポイント

重要度 >> ★★

照明と採光	・手元が暗くならないように注意 ・目の疲れを防ぐため、間接照明や自然光も上手に活用する
防音	・ドアをゆっくり閉めるドアチェック（ドアクローザー）や厚手のカーテンを用いる ・電話の呼び出し音を調整する
室温調整	・夏は25〜28℃、冬は18〜20℃、春・秋は22〜23℃前後が適温 ・湿度は年間通して50〜60% 　＊エアコンの風が上司や来客に直接当たらないように注意！
色彩	・役員室や会議室は茶系やベージュなどの落ち着いた色に ・応接室はクリーム色などやわらかい雰囲気の色に

掃除	・置物や絵画は羽ばたきや筆でほこりをはらう ・応接室の革のソファーはから拭きし、テーブルは使用のたびに拭く ・テーブルクロスやカバーは定期的にクリーニングに出す ・観葉植物は適切に水やりし、葉のほこりは湿った布で軽く拭く ・カーペットは掃除機をかけ、シミは中性洗剤で拭く

2 室内のレイアウト　重要度>> ★

最初に上司の机、応接セットの位置を決め、動線を考えて備品類を配置していきます。

- 上司の机は部屋の奥の、入り口から見えない位置に。手元が暗くならないよう、窓との位置関係も考慮する
- 上司と秘書の机は向かい合わせにせず、ついたてなどを用いてそれぞれ独立したスペースをつくる
- 秘書の机は人の出入りが見えやすいよう、入り口付近に
- 応接セットは上司の机の近くに

3 事務用品・オフィス機器の管理　重要度>> ★

●事務用品

新製品などの情報を集めて、使いやすいものをそろえておくことが重要です。消耗品は切らさないよう、予備を用意。故障や破損しているものは、修理を依頼したり買い換えるなどして常に使える状態にしておくことが必要です。日付印の日付が正しいかも毎日チェックしましょう。

●オフィス機器

複合機（コピー、ファクシミリ、プリンタ、スキャナー）、パソコン、プロジェクター、タイムレコーダーなど。故障していないかを毎日確認し、用紙やインクの補充も忘れないようにしましょう。

確認しよう！

3級レベル 〈問題1〉

次は、オフィスの環境整備について述べたことである。中から不適当と思われるものを一つ選びなさい。

1) 窓からの光は仕事のじゃまになるので、カーテンなどでさえぎり、一切入れないようにする。
2) エアコンの風が上司や来客に直接当たらないように注意する。
3) 電話の呼び出し音の音量を適切に調整する。
4) 各季節に適した室温にし、湿度は年間を通して50〜60％に保つ。
5) 外部の音がうるさい場合は、厚手のカーテンを用いる。

2級レベル 〈問題2〉

次は、秘書A子が上司のオフィスを快適に保つために行ったことである。中から不適当と思われるものを一つ選びなさい。

1) 上司が仕事に集中できるように、上司の机は入り口から見えない位置に配置した。
2) ドアの閉まる音を小さくするために、ドアチェックをつけた。
3) 応接室のインテリアはクリーム色のソフトな雰囲気のものでまとめた。
4) 上司が自分の席に座ったままA子と話せるように、A子の机は上司の机と向かい合わせに置いた。
5) 人の出入りを把握しやすいように、A子の机は入り口付近に置いた。

解答と解説

〈問題1〉 1)

解説	窓からの光を一切入れないようにするのは不適当。蛍光灯などの人工照明に加え、日光をうまくとり入れて、目をできるだけ疲れないようにする配慮が求められます。上司の机に日光が直接当たってまぶしい場合は、ブラインドなどで遮断するようにします。

アドバイス	快適な環境づくりのポイントを覚えておきましょう。 ①照明と採光―自然光や間接照明もうまく活用 ②防音―ドアチェック・厚手のカーテン・ついたての使用、電話呼び出し音の調整 ③室温・湿度調整―夏25〜28℃・冬18〜20℃、湿度50〜60％ ④色彩―役員室・会議室：茶系やベージュ、応接室：クリーム色

〈問題2〉 4)

解説	上司と秘書が同室の場合、上司と秘書の机は向かい合わせにならないように配置します。秘書は来客接遇などで度々席を立つことがあるため、上司が落ちついて仕事ができなくなるからです。

第3章
マナー・接遇

■本章で学ぶこと
秘書の人間関係、言葉づかい、接遇、交際の業務など、秘書として必要な知識と行動について学びます。

■押さえておきたいポイント
言葉づかいや交際は記述問題対策として、漢字も間違えずに書けるようにします。正確度を高めましょう。

■効果的な学習法
贈答や交際の業務は暗記中心です。言葉づかいや接遇用語は、声に出して練習すると自然に身につきます。

1 敬語

合格のPoint
正しい敬語を使うことは社会人としての常識です。敬語には尊敬語、謙譲語、丁寧語があり、使い方を間違えると、かえって失礼になるのでしっかり覚えましょう。

Lesson｜上司が外出中のとき、上司を尋ねてお客様が…

NG：田中部長はただいま外出していらっしゃいます

OK：部長の田中はただいま外出しております

お客様に内部の者について話すときは、謙譲語を使います。また、上司に対しても、「田中」または「部長の田中」（役職＋名字）と呼び捨てにします。尊敬語と謙譲語の混合、二重敬語など、使い方に注意しましょう。

1 敬語の基本型　重要度 ★★★

敬語には種類ごとに以下のような基本の型がありますが、「召し上がる」などの特別な言い方をするものもあります。

- **尊敬語**（相手の動作を高める）
  ① 「れる」「られる」型　例：話される、帰られる
  ② 「お（ご）～になる」型　例：お話しになる、ご覧になる
- **謙譲語**（自分の側を低める、へりくだることで、相手を高める）
  「お（ご）～する（いたす、いただく）」型　例：お話しする、ご心配いただく
- **丁寧語**（相手を高めたり、自分を低めるのではなく、敬意を表す）
  「～です」「～ます」「ございます」型　例：田中でございます

2 特別な言い方の敬語　重要度>> ★★★

普通の表現	尊敬語	謙譲語
いる	いらっしゃる	おる
行く	いらっしゃる	参る、伺う
来る	いらっしゃる、お見えになる	参る
する	なさる	いたす
言う	おっしゃる	申す
見る	ご覧になる	拝見する
聞く	お聞きになる	伺う、拝聴する、承る
食べる、飲む	あがる、召し上がる	いただく

3 注意したい敬語の使い方　重要度>> ★★★

●尊敬語と謙譲語は混同しない
受付で伺ってください → 受付でお聞きになってください
　「伺う」は「聞く」の謙譲語なので、お客様に使うのは間違い。
何時ごろ参られますか → 何時ごろいらっしゃいますか
　「参る」は「行く・来る」の謙譲語なので、「れる・られる」をつけても尊敬語にはならない。
こちらにお書きしてください → こちらにお書きになってください
　「お～する」は謙譲語なので、尊敬語の「お～なる」に変える。

●二重敬語は使わない
ご覧になられましたか → ご覧になりましたか
　「ご～なる」と「れる・られる」を同時に使っても敬意が高まるわけではない。「ご覧になる」だけでよい。
お待ちになられています → お待ちになっています
　「お～なる」と「れる・られる」の二重使い。「お待ちになる」だけでよい。

●社内の人には尊敬語を使わない（社外に対する場合）
佐々木部長は席を外していらっしゃいます → （部長の）佐々木は席を外しております
　「いらっしゃいます」は「いる」の尊敬語。上司であっても謙譲語「おる」を使う。役職名は敬称になるので、使い方に注意が必要。
佐々木部長はそのようにおっしゃっておりました
　→ 部長の佐々木はそのように申しておりました
　「言う」の謙譲語「申す」を使う

●社内の人でも尊敬語を使う（社内の人の身内に対する場合）
部長の田中は外出しております → 田中部長（さん）は外出していらっしゃいます
　「部長の田中」は謙譲表現になる。「田中部長」、あるいは家族などには「部長さん」としてもよい。

注：　印は過去に複数回、出題された用語です。

確認しよう！

3級レベル 〈問題1〉

次は、敬語に慣れていない新人秘書B子の言葉づかいである。中から適当と思われるものを一つ選びなさい。

1) （上司である部長に）「昨日、部長はそのように申されましたが」
2) （来客に）「カタログを拝見されますか」
3) （取引先に）「何時ごろに参られますか」
4) （上司の家族に）「部長の○○は席を外しております」
5) （上司に）「ご心配いただき、ありがとうございます」

3級レベル 〈問題2〉

次は、秘書A子の誤った言葉づかいである。下線部を正しい言い方に直しなさい。

1) 「会議は3時で<u>よろしかった</u>でしょうか」
2) 「ぜひ私に<u>ご覧にならせて</u>ください」
3) 「お客様が<u>お待ちになられ</u>ています」
4) 「お忘れ物を<u>いたしません</u>ように」
5) 「専務が<u>お話しになられる</u>そうです」

解答と解説

〈問題1〉 5)

解説	1)の「申す」は謙譲語。「おっしゃいましたが」と言います。「おっしゃられましたが」は、「おっしゃる」と「～られる」の二重敬語になるので間違いです。 2)「拝見する」は謙譲語。「ご覧になりますか」と言います。 3)「参る」は謙譲語。「いらっしゃいますか」「お見えになりますか」などを使います。 4)相手が身内の場合は、上司のことでも敬語を使います。「○○部長は席を外されています」と言います。 5)は、「ご～いただく」で謙譲語になるので適切。

〈問題2〉 1) よろしい　　2) 拝見させて　　3) お待ちになって
　　　　　　4) なさいません　5) お話しになる

解説	1)は、飲食店などでよく聞く言い方だが「よろしかった」と過去形にするのは不適当。 2)の「ご覧になる」は尊敬語なので、自分に使うのは間違いです。 3)、5)は二重敬語。 4)の「いたす」は謙譲語なので、相手に使うのは間違いです。

確認しよう！

2級レベル 〈問題1〉

次は、秘書A子が上司に言った言葉である。中から<u>不適当</u>と思われるものを一つ選びなさい。
1)「メモはご覧になりましたか」
2)「お客様がおいでになりました」
3)「書類を確認していただけますか」
4)「昼食はいただかれましたか」
5)「お先に失礼いたします」

2級レベル 〈問題2〉

次は、T部長つき秘書A子の言葉づかいである。中から適当と思われるものを一つ選びなさい。
1) （T部長に）「専務がこちらにいらっしゃるそうです」
2) （他部署の課長に）「部長は出張で月末まで戻りません」
3) （T部長に）「明日、○○様が来社するそうです」
4) （T部長が外出中に訪れた来客に）「T部長は外出しております」
5) （T部長に）「何時ごろにお戻りになられますか」

解答と解説

〈問題1〉 4)

解説	「いただく」は「食べる」の謙譲語。尊敬語の型「〜れる」をつけても尊敬語にはなりません。正しくは「昼食は召し上がりましたか」です。

〈問題2〉 1)

解説	1) 専務は部長より役職が上なので「いらっしゃる」と敬語を使います。 2) 課長は部長より役職が下なので、「部長はご出張で月末までお戻りになりません」と敬語を使います。 3) 客に対しては「○○様が来社なさる」、または「来社される」です。 4) 役職名にはそれ自体に敬称の意味があるので、「部長のT」あるいは「T」と名字を呼び捨てにします。 5) は二重敬語。「お戻りになりますか」が適当。
アドバイス	「尊敬語」と「謙譲語」の混同、「二重敬語」は、特に間違えやすいので注意しましょう。また、動物や自然現象、外来語には敬語を使わないことも覚えておきましょう。 例：×「部長のお宅の猫がご病気になられたそうです」 　　　「今日は日ざしがお強いですね」 　　　「おコーヒーになさいますか」

2 接遇用語と言葉づかい

頻出度 ★★★

合格のPoint　お客様や上司との会話では、普段より丁寧な言葉づかいが必要です。秘書はお客様と接する機会が多いので、接遇用語も正しく使えるようにしておきましょう。

Lesson　お客様に受付でお待ちいただくときの言葉は…

NG　ここで少しお待ちください

OK　こちらで少々お待ちいただけませんか？

お客様に対しては「ここで」を「こちらで」と敬語に言い換え、「～ください」を「お待ちいただけませんか」「お待ち願えませんか」と、依頼する言い方に変えます。

1 丁寧な表現

重要度 >> ★★★

	普通の言い方	丁寧な言い方
場所	ここ、そこ、どこ	こちら、そちら、どちら
	こんな、そんな、どんな	このような、そのような、どのような
時間	今日、今年	本日、本年
	あした、あさって、きのう	明日(みょうにち)、明後日(みょうごにち)、昨日(さくじつ)
	今、さっき、このあいだ	ただいま、先ほど、先日・先般
	後で、すぐ	後ほど、ただいま・早速
人と会社	自分	わたくし
	相手	あなた様、そちら様
	誰	どなた様、どちら様
	自分の会社	当社、弊社

人と会社	話中の人	あの方、あちら様
	男（女）の人	男性（女性）の方
受け答え	言っておきます	申し伝えます
	やります	いたします
	わかりました	かしこまりました
	そうです	さようでございます
	いいです	結構です
	知りません	存じません
	できません	いたしかねます
	ありません	ございません
	わかりません	わかりかねます
	どうですか	いかがですか

> 受け答えでの「できません」「わかりません」は、否定表現ではなく「〜かねます」という肯定表現にします。

2 接遇用語

重要度 >> ★★★

さまざまな場面の接待や応対で使われる接遇用語をマスターしましょう。

迎える	いらっしゃいませ。
予約のあるお客様を迎える	お待ちいたしておりました。
名前を尋ねる	失礼ですが、どちら様でいらっしゃいますか。
用件を尋ねる	失礼ですが、どのようなご用件でしょうか。
待たせる	少々お待ちいただけますでしょうか。
上司がすぐに来ることを伝える	○○（上司の名前）はただいま参ります。
待たせたとき	お待たせいたしました。
応接室の前に着いたとき	こちらでございます。
座って待ってもらうとき	こちらにおかけになってお待ちくださいませ。

3 クッション言葉

重要度 >> ★★

場面に応じて用件の前に「クッション言葉」を挟むと、丁寧でソフトな印象を与えることができます。

- 何かを尋ねるとき：恐れ入りますが、失礼ですが、恐縮ですが、お手数ですが
- 頼みごとをするとき：お差し支えなければ、ご面倒ですが、ご迷惑をおかけしますが
- 要望や期待に応えられないとき：申し訳ございませんが、あいにくですが、残念ですが

確認しよう！

3級レベル 〈問題1〉

次は、普通の言い方と丁寧な言い方の組み合わせである。中から<u>不適当</u>と思われるものを一つ選びなさい。

1) 後で ― 後ほど
2) できません ― いたしかねます
3) どうですか ― いかがですか
4) そうです ― かしこまりました
5) すみません ― 申し訳ございません

3級レベル 〈問題2〉

次は、秘書A子がそれぞれの場面で使った言葉である。中から<u>不適当</u>と思われるものを一つ選びなさい。

1) 来客を応接室に案内する際に
「応接室にご案内いたします。こちらへどうぞ」
2) 来客にお茶とお菓子を出す際に
「恐れ入りますが、お召し上がりください」
3) 上司への伝言を頼まれた際に
「かしこまりました。申し伝えます」
4) 来客に用件を尋ねる際に
「失礼ですが、どのようなご用件でしょうか」
5) 会社の営業時間を尋ねられた際に
「弊社の営業時間は、午前10時から午後6時までとなっております」

解答と解説

〈問題1〉 4)

解説	「そうです」の丁寧な言い方は、「さようでございます」。「かしこまりました」は、「わかりました」の丁寧な言い方です。

〈問題2〉 2)

解説	「恐れ入ります」は、例えば上司にほめられたときなど、恐縮する気持ちのときに使います。来客にお茶やお菓子を出すときは、「どうぞ」などの言葉を使うのが適当。
問題の傾向	どのような場面でどの「接遇用語」を使うかがよく問われます。また、普通の言い方を「丁寧な言い方」や「接遇用語」に書き換える問題が出題されることもあります。 こうした言葉の使い方を身につけるには、普段から使うシーンをイメージして声に出して練習するとよいでしょう。

確認しよう！

2級レベル 〈問題1〉

次は、秘書A子が来客に対して使った言葉である。中から<u>不適当</u>と思われるものを一つ選びなさい。

1) 客から自分にはわからないことを尋ねられたときに
   「申し訳ございませんが、わたくしにはわかりかねます」
2) 長時間の会議が終わって客が帰るときに
   「長時間、ご苦労さまでした」
3) 予約のある客を迎えるときに
   「○○様でいらっしゃいますね。お待ちいたしておりました」
4) 客の希望通りにできなかったときに
   「ご意向に添うことができず、誠に申し訳ございません」
5) 客が名前を名乗らなかったときに
   「失礼ですが、どちら様でいらっしゃいますか」

2級レベル 〈問題2〉

次の下線部分の言葉づかいを丁寧な言い方に直しなさい。

1) 部長の○○は、<u>さっき</u>出かけました。
2) あいにく、わたくしはその件に関して<u>知りません</u>。
3) お贈りした品は、<u>気に入ってもらえた</u>でしょうか。
4) お礼をしていただくなんて、<u>とんでもないです</u>。
5) <u>どんな</u>商品をお望みでしょうか。

解答と解説

〈問題1〉 2)

解説	「ご苦労さま」は、目下の者に使う言葉なので不適当。来客や上司には「お疲れさまでした」が正しい言い方です。

〈問題2〉 1) 先ほど　2) 存じません　3) お気に召していただけた
4) とんでもないことでございます　5) どのような

解説	4)は「とんでもありません」としがちだが、これは間違い。「とんでもない」で1つの言葉なので、「とんでもないことでございます」です。こうしたビジネスの場でよく使われる「丁寧な言い方」や「接遇用語」は正しい言い方を覚え、場面に応じて使えるようにしておくことが大切です。

3 人間関係

頻出度 ★★☆

合格のPoint
職場での人間関係を良好に保つために、細かい配慮や気配りをすることも秘書の役目です。上司の交代など、対人関係の変化にも上手な対応を心がけましょう。

Lesson ▶ 新しい上司についたとき、するべきことは？

NG：「前上司と同じやり方を…」

OK

秘書は上司の意向に合わせて仕事をします。前上司と新上司の仕事の仕方が違うのであれば、秘書は、新上司の仕事の仕方に合わせることが大事です。

1 対人関係の基本ルール　　重要度 >> ★★

● 円滑な関係を築く

①**誠実な態度**
　誰に対しても**誠意**をもって接するようにします。

②**相手の立場に立つ**
　発言や行動するときは、いったん**相手の立場**に立って考えてみましょう。

③**相手を認める**
　価値観が違っても、相手を認めて理解しようとする姿勢が大切です。

④**言い訳をしない**
　ミスをしたときは**言い訳**をせず、素直に反省しましょう。

⑤**出すぎた行為はしない**
　目上の人に対して指示するような言い方をするなど、**出すぎた行為**は禁物です。

●お辞儀の仕方

良好な人間関係を保つために、お辞儀の仕方、角度を覚えておきましょう。

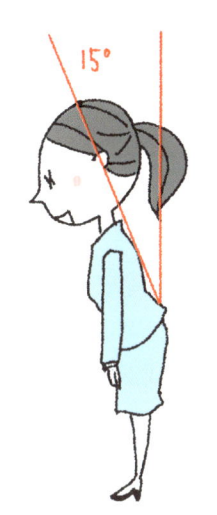

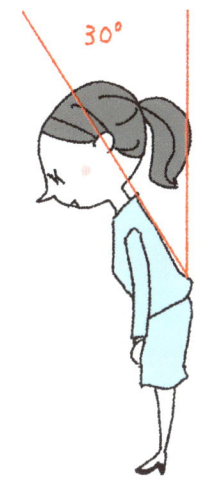

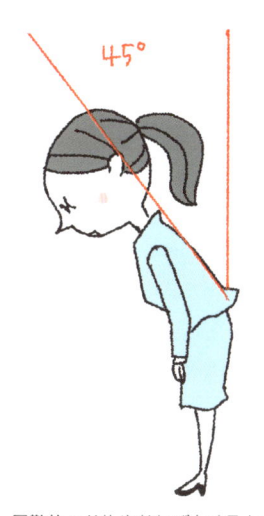

会釈：廊下ですれ違うときなど　　敬礼：来客を迎えるときなど　　最敬礼：お礼やおわびをするときなど

2 トラブルにならない対応の仕方　　重要度 >> ★★★

　人間関係でトラブルが起きやすいのは職場環境が変わったときです。特に上司が交代したときは、誤解や行き違いが生じないようにコミュニケーションを十分にとりましょう。

●新任上司への対応
　①仕事の仕方などを前の上司と比べない。
　②新任上司の仕事内容や仕事の仕方、人柄などを早く理解するように努める。必要に応じて、新任上司の前の秘書にアドバイスを求めるとよい。
　③以前のやり方に固執せず、新任上司に適した仕事の仕方を考える。

●2人の上司につく場合の対応
　①両者に対して公平に接する。
　②各上司の仕事の仕方を理解し、それに合わせる。
　③上司の人物評価やうわさ話はしない。
　④2人の仲がよくない場合は、関係を悪化させないように細心の注意を払う。

●秘書仲間への対応
　①アドバイスや注意を受けたら、謙虚に受け止める。
　②人の仕事に口出ししない。
　③仕事を頼まれたら、できる範囲で協力する。
　④後輩への注意は人のいない場所で1対1でする。

確認しよう！

3級レベル 〈問題1〉

次は、秘書A子が秘書同士のトラブルを避けるために心がけていることである。中から<u>不適当</u>と思われるものを一つ選びなさい。
1) 後輩秘書に注意するときは、1対1で人のいない場所でする。
2) 同僚秘書から仕事を頼まれたら、できるだけ協力する。
3) 先輩秘書から注意を受けたら、それが勘違いであっても素直に謝罪する。
4) 後輩秘書が失敗したときは、先輩秘書に話して注意してもらう。
5) 先輩秘書の仕事のやり方に疑問を感じても口出ししない。

3級レベル 〈問題2〉

次は、秘書A子のお辞儀の仕方について述べたことである。中から<u>不適当</u>と思われるものを一つ選びなさい。
1) 来客を案内中、同僚とすれ違ったら、歩きながら会釈している。
2) 相手に謝罪するときは、最敬礼している。
3) 応接室に入るときには、会釈している。
4) 受付で来客を出迎えるときは、会釈している。
5) お願いごとをするときは、敬礼している。

解答と解説

〈問題1〉 4）

解説	先輩秘書に後輩秘書の失敗を告げ口するような形になるので、人間関係がこじれるおそれがあります。後輩秘書の失敗を知ったら、必要に応じて自分が注意やアドバイスをします。
アドバイス	職場では、秘書同士に限らず、他部署の社員ともお互いに協力し合って働ける人間関係を築くことが大切です。そのためのポイントは、次のとおりです。 ①相手の立場に立って考えること ②価値観が違っても理解しようと努めること ③公平で誠実な態度で接すること

〈問題2〉 4）

解説	受付などで来客を出迎える際は、会釈ではなく、敬礼します。「会釈（15度）」「敬礼（30度）」「最敬礼（45度）」の3種類のお辞儀と、それぞれに適切なシーンを理解しておきましょう。
アドバイス	頭を下げたときに背中が丸まっていてはきれいに見えません。お辞儀をした自分の姿を鏡で確認しておきましょう。

確認しよう！

2級レベル 〈問題1〉

次は、秘書A子が上司と接する際に注意していることである。中から<u>不適当</u>と思われるものを一つ選びなさい。

1) 2人の上司につく場合は、公平に接するようにしている。
2) 新任上司の仕事のやり方に納得できない場合は、前任上司と同じやり方に変えてもらうようにしている。
3) 新任上司を理解するために、新任上司の前の秘書にアドバイスを求めるようにしている。
4) 2人の上司につく場合は、両者の人物評価やうわさ話はしないようにしている。
5) 2人の上司の仲がよくないときは、両者の関係を悪化させないように細やかな配慮をする。

2級レベル 〈問題2〉

次は、秘書が対人関係において心がけておくべきことである。中から<u>不適当</u>と思われるものを一つ選びなさい。

1) ミスをしたときは言い訳をせず、素直にわびる。
2) どんな人にも公平に、誠意をもって接する。
3) 目上の人に指示や命令をするなど、出すぎた行為はしない。
4) アドバイスや注意を受けたら、謙虚に受けとめる。
5) トラブルを避けるために、価値観が違う人とはできるだけ関わらない。

解答と解説

〈問題1〉 2)

解説	新任上司の仕事のやり方や性格などを理解するように努め、それに合わせた仕事方法を工夫するのが秘書の役目。納得できないからといって、前と同じやり方に変えてもらうというのは不適当です。
問題の傾向	人間関係では、「新任上司との関係」「2人の上司につく場合の対応」、または「秘書仲間との関係」についてよく出題されます。しっかり理解しておきましょう。

〈問題2〉 5)

解説	人にはそれぞれの価値観があるので、価値観が違う人を避けていたらどんな人とも人間関係を築くことはできません。価値観が違っても、それを受け入れ、相手を認めて理解しようとする姿勢が大切です。

第3章 マナー・接遇

4 話し方、聞き方

頻出度 ★★☆

合格のPoint　会話の基本は、相手の理解度や自分との関係を考慮して話すこと、相手の真意を理解しようとする態度で聞くことです。表情や声のトーンなどにも配慮しましょう。

Lesson ▶ 相手に伝わる話し方とは？

NG　あれは……　それを……　あと……　えっと…

OK　ひとつは……です。　なるほど

いくら一生懸命話をしても、伝えたい内容が相手に伝わっていなければ意味がありません。相手に理解してもらえる話し方を心がけましょう。

1 言葉以外の「言語」　重要度 >> ★★

話を伝える手段は「言葉（記号言語）」だけではありません。以下のような要素も上手に取り入れて、会話をスムーズに進めましょう。

表情	顔は"心の窓"です。明るい表情を心がけましょう。
行為	偉そうな態度ややる気のない態度では、相手も聞く気をなくします。誠実に向き合う姿勢が必要です。
身ぶり	大げさな身ぶりは逆に不快感を与えます。言葉を補う程度に使いましょう。
身体	握手や肩をたたくなどのスキンシップは、相手との距離を縮めるうえで有効な場合があります。

2 話し方の基本　重要度 >> ★★

初対面の人と職場の同僚とでは、**話し方**を変える必要があります。また、相手

が理解しているかどうかなど、反応を見ながら話すことも大切です。

＜ポイント＞
①聞きやすい声の大きさと明るいトーンで、相手の目を見ながら話す。
②話すスピードや間の取り方、発音に注意する。
③「5W2H」などを使い、正確に伝える。
④専門用語や難しい表現、聞き間違えやすい言葉（同音異義語など）は避け、わかりやすい言葉を使う。
⑤事例などを盛り込んで、できるだけ具体的に話す。
⑥相手に反論するときは、「イエス・バット法（いったん相手の意見を肯定し、その後、自分の意見を言う方法）」が有効。
　＊例：「そのような考え方もありますね」→「しかし、私は…と思うのですが…」

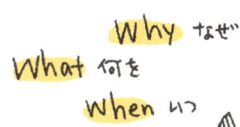

3　聞き方の基本　　重要度 >> ★★

　相手の言葉に意識を集中して耳を傾け、必要であれば、メモを取りながら聞きます。不明な点があって質問するなど途中で話をさえぎってはいけません。

＜ポイント＞
①相手の目を見て聞く。
②声の調子、態度、表情などからも何が言いたいのかをつかむ。
③状況に応じて、相づち（例：「さようでございますか」「それは素晴らしい」「とおっしゃいますと」）を打ったり、うなずいたりする。
　＊相手を不安にさせないためにも必要！
④話の中からキーワード、キーフレーズを見つける。
⑤先入観や偏見をもたずに、事実を正確に聞き取る。
⑥不明点や疑問は、最後に要点をまとめて相手に確認する。

確認しよう！

3級レベル 〈問題1〉

次は、効果的な話し方のポイントである。中から<u>不適当</u>と思われるものを一つ選びなさい。
1) 忙しそうにしている相手に対しては、できるだけ早口で話す。
2) 相手が話に興味がなさそうなときは、話題を変えてみる。
3) 専門用語や聞き間違えしやすい言葉は避け、わかりやすい言葉で話す。
4) 相手が理解しているかどうか反応を見ながら話す。
5) 大げさにならない程度に身ぶり手ぶりを交えて話す。

3級レベル 〈問題2〉

次は、上手な聞き方のポイントである。中から適当と思われるものを一つ選びなさい。
1) 聞き間違いを防ぐために、どんなささいな内容でも必ずメモをとる。
2) 重要な話は、集中して聞けるように目をつぶって聞く。
3) 相手が前と同じ話をし始めたら、「以前お聞きしました」と言って話をとめる。
4) 話の内容が理解できないときは、首をかしげるなど態度に表して、相手にそれとなく伝える。
5) 不明点や疑問点は、最後に要点をまとめて確認する。

解答と解説

〈問題1〉 1)

解説	相手に時間がなさそうなときでも、適度に「間」をとって話すことが必要。早口でまくしたてるような話し方は、聞きにくいばかりか、相手に不快感を与えます。
アドバイス	話す際には、言葉だけでなく、①明るい表情、②誠実な態度、③適度な身ぶり、④適度なスキンシップもうまく取り入れましょう。

〈問題2〉 5)

解説	1) メモをとるのは大切ですが、時と場合によります。日常会話や雑談でメモをとる必要はありません。 2) 相手に聞いていない印象を与えるので、目をつぶったりよそ見をしたりしてはいけません。 3) 意図的に同じ話をすることもあるので、黙って聞くようにします。話をさえぎるのは禁物。 4) 首をかしげたり表情に表すのは相手に対して失礼です。区切りのよいところで質問するようにします。

確認しよう！

2級レベル 〈問題1〉

秘書A子は先輩秘書B子と仕事の進め方について話をしていたが、B子の意見に納得できなかった。次は、その際にA子が言った言葉である。中から適当と思われるものを一つ選びなさい。

1)「先輩の意見は、一応参考にさせてもらいます」
2)「そういう考え方もありますね。でも、私は～と思うのですが、どうでしょう」
3)「私はそうは思いません。でも、人それぞれなので仕方ありませんね」
4)「いずれにしても、自分のやりやすい方法でやればいいのではないでしょうか」
5)「私のやり方のほうが絶対に効率的だと思います」

2級レベル 〈問題2〉

次は、秘書A子が「聞き上手になるポイント」という冊子を読んで学んだことである。中から不適当と思われるものを一つ選びなさい。

1) 相手の話に同意できないときは、相づちを打たずに聞く。
2) 話のキーワードやキーフレーズを見つけ、真意を読み取る。
3) 相手の声のトーン、表情、態度などからも何が言いたいのかをつかむ。
4) 先入観や偏見は排除して、事実だけを正確に聞き取る。
5) 話が本題から外れたら、さりげなく元に戻すように誘導する。

解答と解説

〈問題1〉 2)

解説	相手に反論するときは、いったん相手の意見を認め、その後で自分の意見を言う「イエス・バット法」を使うとよいでしょう。相手を否定したり批判することは避け、言葉を慎重に選んで自分の考えを述べます。

〈問題2〉 1)

解説	相づちは、ちゃんと聞いていることを示すと同時に、相手から話を引き出すうえでも重要。同意できなくても相づちを打つことは必要です。「そう」「ええ」だけでなく、いろいろな相づちの仕方を覚えておきましょう。 例：「確かに」「それはそうと」「あなたのおっしゃるとおりです」 　　「それは残念ですね」「お気の毒に」「とおっしゃいますと」

5 報告、説明、説得

頻出度 ★★☆

合格のPoint　報告、説明では、事実のみを正確・簡潔にタイミングよく話すことが大切です。また、説得では、相手を真に納得させるだけの高度な話し方が求められます。

Lesson　上司への報告。しかし上司は忙しそう…

NG　悪い知らせは後でお茶をお持ちするときに…

OK　お時間よろしいでしょうか。実は…

　上司への報告は、上司の都合を考えてタイミングよく行います。ただし、上司が気にかけている報告や悪い結果の報告は、すぐに知らせることが重要です。

1 報告の仕方　重要度 >> ★★★

●報告の基本手順

①**準備する**…事前に報告する内容を**確認**し、頭の中で整理しておく。

②**冒頭で結果を述べる**
  - 複数の報告をする場合は**件数**を告げる。
  - 先に**結果**を簡潔に述べる。

③**理由や経過を詳しく報告する**
  - 事実だけをそのまま伝え、推測は入れない。
    ＊自分の**意見**は求められた場合のみ話す
  - **過去形**で話す。　●**時間経過**の順に話す。
  - グラフ、図表、写真、数値などを使って**具体的**に示す。

④**確認する**…最後に不明点や疑問点がないかを**確認**する。

● 報告内容のまとめ方

報告する場合は「5W2H」の要素を押さえてまとめましょう。

When	日時（いつ）	Why	理由（なぜ）
Where	場所（どこで）	How	手段（どのように）
Who	人（誰が）	How Much	値段（いくらで）
What	出来事（何を）		

2 説明の仕方　重要度 >> ★★

説明の手順は基本的に報告と同じですが、以下の点に注意が必要です。

・内容に応じた順序で話す。

時系列的配列	時間の流れに沿って
空間的配列	場所ごとに
既知から未知への配列	相手が知っていることから知らないことへ
因果関係による配列	原因から結果へ

・相手の理解度や知識に応じた話し方をする。
・相手が理解しているかどうかを確認しながら話す。不明点、疑問点があれば質問に答える。
・重要なことから話す。
・要点を最後に繰り返す。

3 説得の仕方　重要度 >> ★

「説得」とは相手が拒否した依頼や意見を、受け入れてもらえるように話して納得させることです。相手の依頼や意見を断るための「逆説得」もあります。

＜説得のポイント＞
①具体的な数値などを示して、相手の不安を解消する。
　例：「時間がない」→1時間あればできる。
　　　「金銭的余裕がない」→毎月の支払いは○○円で済む。
　　　「初めてで自信がない」→1カ月もあれば覚えられる。
②ゆっくり話せるタイミングを見計らう。
③説得を繰り返す。
④「できる範囲で構わない」「期限を来月に延ばすので」など、条件をゆるめる。
⑤「今度は私が協力する」など、代わりの条件を出す。
⑥引き受けてくれる条件を出してもらう。
⑦先輩や親しい人など、ほかの人に説得してもらう。

確認しよう！

3級レベル 〈問題1〉

次は、秘書A子の上司への報告の仕方である。中から不適当と思われるものを一つ選びなさい。

1) 複数の報告をする場合は、先に件数を言うようにしている。
2) 上司が忙しそうにしているときは、報告してもよいかどうかを確認してから報告するようにしている。
3) 複数の報告をするときは、指示を受けた順に報告するようにしている。
4) 口頭で説明しにくい場合は、メモや簡単な文書にして伝えるようにしている。
5) 事実だけを正確に伝え、自分の推測や考えは入れないようにしている。

3級レベル 〈問題2〉

次は、秘書A子の説明の仕方である。中から不適当と思われるものを一つ選びなさい。

1) 相手が知らないことから話し始め、知っていることは後で話すようにしている。
2) 説明の最後に要点を繰り返して強調するようにしている。
3) 相手の理解度や知識に応じて、使う言葉や話す順序を変えている。
4) 相手が理解しやすいように、必要に応じて写真や図表を用いている。
5) 説明の途中で「ここまでよろしいでしょうか」などと相手に確認している。

解答と解説

〈問題1〉 3)

解説	報告する件数がいくつかあるときは、急ぎのものや重要なものを先に報告しなければいけません。
問題の傾向	報告については、「いつ」「どのように」報告するのが正しいかが問われます。報告するタイミングのポイントは次のとおりです。 ・長期にわたる事柄については、途中で中間報告をする。 ・上司が忙しいときは避ける。ただし、緊急を要することや上司が気にかけていること、悪い知らせはすぐに報告する。 ・上司の仕事の合間を見計らって、報告してもよいかどうかを確認する。

〈問題2〉 1)

解説	説明は、「相手が知っていることから知らないことへ」の順で話すのが効果的。ほかに、「時間の流れに沿って」「場所ごとに」「原因から結果へ」という順で話す説明の仕方もあります。内容に応じて、どのような順序で話すのが最も伝わりやすいかを考えます。

確認しよう！

2級レベル 〈問題1〉

秘書A子は、上司に頼まれてP社の新サービス発表会に出席した。次は、その件に関するA子の上司への報告の仕方である。中から<u>不適当</u>と思われるものを一つ選びなさい。

1) 上司に明らかに関係がない部分は省いて話した。
2) もらったリーフレットを見せて、特長などを聞いたとおりに話した。
3) 要点のみを簡潔に話し、その他の詳細についてはレポートにまとめて渡した。
4) 新しいサービスはとても素晴らしくて感動した、と感想を話した。
5) 報告の最後に、「ご不明な点はございませんか」と確認した。

2級レベル 〈問題2〉

次は、秘書A子が先輩秘書から教わった「説得のノウハウ」である。中から<u>不適当</u>と思われるものを一つ選びなさい。

1) 「次回は私が手伝うので」など、代わりの条件を出す。
2) 「1時間もあれば大丈夫」など、相手の不安を打ち消すだけの具体的な根拠を示す。
3) 「できる範囲でかまわないので」など、条件をゆるめる。
4) ゆっくり話せる時間と場所を用意する。
5) 相手に反論する隙を与えないために、たたみかけるように理詰めで話す。

解答と解説

〈問題1〉 4)

解説	報告するときは、自分の推測や感想は入れず、事実だけをそのまま正確に伝えなければいけません。意見や感想は、求められた場合のみ話すようにします。
アドバイス	報告の仕方の基本は、①結果や重要事項を先に、②事実だけを正確に、③過去形で話す、④経過は時間に沿って、⑤最後に確認する、です。 報告に長くかかりそうなときは、上司にまずそのことを話し、必要に応じて3)のような配慮をすることも必要です。

〈問題2〉 5)

解説	相手の反論もしっかり聞いたうえで、こちらの考えを理解してもらうのが説得のポイント。言葉や理屈でどんなに相手をやりこめても、相手が心から納得して引き受けてくれなければ説得の意味はありません。

6 忠告、注意

頻出度 ★★☆

合格のPoint　忠告や注意をするときは、事実・原因を把握したうえで根拠を示しながら、1対1で話すことが重要です。受ける側は前向きにとらえ、成長の糧としましょう。

Lesson　後輩へ注意をするときは…

NG / **OK**

　注意や忠告をするときは、人前で行うと相手を傷つけてしまいます。人のいない場所で「1対1」で話しましょう。

1 忠告、注意の仕方　重要度 ★★★

　相手のためを思ってした忠告や注意がもとで、人間関係が悪くなることは少なくありません。忠告や注意をするときは、相手の**人格**や**プライド**を傷つけないように言葉を慎重に選び、**1対1**で話すのがルールです。相手が上司や目上の人の場合は、「差し出がましいようで申し訳ありませんが」と**前置き**したうえで、「…なさったほうがよいのではないでしょうか」などと**提案**するかたちにしましょう。

●事前の注意点
①**事実をきちんと確認**→ うわさ話や相手の言動、態度だけで判断しないために確認する。
②**原因を把握**→具体的な改善方法を示すために把握する。
③**忠告、注意の効果を予測**→すぐにすべきか、どの程度言うべきかを決めるために予測する。
④**タイミングを見計らう**→ 忠告や注意の効果をより高めるために見計らう。

●話すときの注意点
　①感情的にならず、愛情を込めて穏やかに話す。
　②長所を認めながら、短所やミスを指摘する。
　③相手が納得するだけの根拠を示す。
　④ほかの人と比べたり、一般論を持ち出さない。
　⑤具体的な改善策を提案する。

●事後フォロー
　①今までと接し方を変えない。
　②忠告、注意したことが改善されたかをチェックし、改善されていない場合はタイミングをみて再度話す。改善されていれば、さりげなく褒める。
　③忠告や注意で大きな精神的ダメージを受けていないか、相手の様子などを温かく見守る。

2 忠告、注意の受け方　重要度>> ★★

　忠告や注意は、する側にとっても大きな精神的負担がかかる行為です。それでもあえて自分の成長のためにしてくれるのだととらえ、前向きに受け止めることが大切です。
　たとえ指摘されたことが誤解や勘違いであっても、自分にもその原因があったと謙虚に考え、言動を見直す姿勢が必要です。

＜受け方のポイント＞
　①感情的にならないで冷静に聞く。
　②素直にわびる。
　③反抗的な態度や開き直りは禁物。
　④「何」に対して言われたのかを理解する。
　⑤責任逃れや言い訳はしない。言い分があれば、最後まで聞いてから意見をまとめて述べる。
　⑥同じミスを繰り返さないために、指摘されたことを記録しておく。
　⑦自分に非があった場合は、今後どのように改善していくつもりかを述べるとよい。

確認しよう！

3級レベル 〈問題1〉

次は、注意を受ける際に気をつけるべき点について述べたものである。中から<u>不適当</u>と思われるものを一つ選びなさい。

1) 注意が誤解であっても、まずは謝り、折を見て誤解であったことを話す。
2) 注意されたことに納得できない場合は、何がいけなかったのかを確認し、それが妥当であれば謝る。
3) 同じ失敗を繰り返さないように、注意されたことをメモするようにするとよい。
4) 「何」に対して注意されたのかを理解するようにする。
5) 感情的にならず、自分のために言ってくれているのだと前向きに捉える。

3級レベル 〈問題2〉

次は、秘書A子が後輩秘書に注意する際に気をつけていることである。中から<u>不適当</u>なものを一つ選びなさい。

1) 相手が納得するだけの根拠を示し、具体的な改善法も提案するようにしている。
2) ほかの秘書と比べたり、一般論を持ち出したりしないようにしている。
3) 注意すべき点に気づいたら、相手のためにもすぐにその場で言うようにしている。
4) 相手の長所を認めながら、短所や直すべき点を指摘するようにしている。
5) うわさ話をうのみにせず、事実を確かめてから注意するようにしている。

解答と解説

〈問題1〉 2)

解説	注意を受けたときは、それが誰からであっても、まず反省して素直に謝ることが大切。相手の注意が誤解であったときは、別の機会に「先日はありがとうございました。実は、～という状況で～。誤解を招くようなことをいたしまして、申し訳ございません」などと話すようにします。

〈問題2〉 3)

解説	注意する際は、1対1になれる場所で、相手の人格やプライドを傷つけないように、穏やかに話すことが必要。所かまわず、すぐに注意するのではなく、ふさわしい場所や状況を見極めなくてはいけません。
アドバイス	注意する前にすべきこと、注意する際の話し方に加え、注意後のフォロー（接し方を変えない、改善されていれば褒める、相手の様子を見守るなど）も理解しておきましょう。

確認しよう！

2級レベル 〈問題1〉

次は、秘書A子の後輩秘書B子への注意の仕方である。中から適当と思われるものを一つ選びなさい。

1) ほかの社員の前で「B子さんは間違いが多いので、気をつけるように」と言った。
2) 「何度同じミスをしたら気が済むの」と声を荒げて注意した。
3) 「この文書のここが間違っている」などと具体的に不適切な部分を指摘した。
4) 「同期の○○さんなら、こんな簡単な書類は1時間で終わらせる」とほかの秘書を例に出して話した。
5) 何度注意しても改善されないので、諦めて注意しないようにした。

2級レベル 〈問題2〉

秘書A子は、注意を受ける際に次のようにしている。中から不適当と思われるものを一つ選びなさい。

1) 責任逃れや言い訳はしないようにしている。
2) 完璧な人間はいないのでミスは仕方がないことと考え、聞き流すようにしている。
3) 誰から言われたかではなく、何に対して言われたのかを考えるようにしている。
4) まずは謝罪し、その後でどのようにすればよいかを具体的に教えてもらうようにしている。
5) 謝罪して相手の話をしっかり聞いた後で、今後どのように改善していくつもりかを述べるようにしている。

解答と解説

〈問題1〉 3)

解説	注意するときは、抽象的にではなく、具体的に指摘して相手の改善を促すことが重要です。 ①注意は、周囲に人がいない場所で必ず1対1でする。 ②感情的になると、相手の反感を買うので逆効果である。 ③ほかの人と比べたり、「常識では〜」などと一般論を持ち出して話すのはいけない。 ④注意しても改善されないときは、タイミングを見計らって再度注意する。

〈問題2〉 2)

解説	人間なので誰にも間違いはあるが、それを反省して自分の成長につなげていくことが重要。「仕方がない」と開き直った態度は秘書としても人間としてもよくないことです。

7 上手な断り方

頻出度 ★★☆

合格のPoint 物事を断るときは、相手が納得するだけの理由や根拠を示し、断る意思をはっきりと伝えることが大切です。苦情への対応の仕方も心得ておきましょう。

Lesson ▶ 上司から取引先の電話を断るようにいわれましたが…

NG：検討はいたしますが…

OK：ご期待に沿えず申し訳ございません

　断るときには、明確に「ノー」と言わなければなりません。曖昧な言い方をすると相手は都合のよい解釈をし、期待をもたせてしまいます。

1 断るときの話し方　重要度 >> ★★★

　断るときは、「**断る意思**」が明確に伝わるように話し、相手に対する心づかいも忘れてはいけません。**クッション言葉**を使って相手の感情を害さないようにしましょう。

〇良い例（クッション言葉＋断りの表現）
- **申し訳ございませんが**、お受けいたしかねます
- **残念でございますが**、お引き受けいたしかねます
- **ご期待に沿えず**、申し訳ございません

（吹き出し）申し訳ございませんが　お受けいたしかねます

126

×悪い例

断る意思が明確に伝わるように話しましょう。保留するような言い方や語尾を濁らした次のような言い方をした場合、間違った解釈をされかねません。

- 一応、**考えておきます**
- **検討**してみます
- わたくしでは**わかりかねます**ので…
- いま**時間**がありませんので…

2 誠意ある対応　重要度 >> ★

断るときは、相手との人間関係を損ねないようにする必要があります。以下のような点に注意し、できる限り誠意をもって対応しましょう。

- 断る**理由**を説明する
  応じられない理由をきちんと説明すれば、相手も納得します。
  例：「お約束のないご来社はお断りすることになっております」
- **代案**を示す
  代案があれば提案してみます。相手の要求を少しでも満たすことができれば、単に断るよりも印象がよくなります。
  例：「○○製品であれば、一度拝見したいと上司の○○が申しております」
- **相手の話**をよく聞く
  断る場合でも、相手の話を**最後**までよく聞ことが大切です。相手の気持ちを損なわないよう、十分に配慮しましょう。

3 苦情への対応　重要度 >> ★

苦情への対応は簡単ではありませんが、以下の点を注意することで大きなトラブルになるのを防ぐことができるはずです。

- 誠意をもって、**最後**まで聞く。
- 相手の勘違いであっても途中で口を**挟まず**、いったん**不満**や**怒り**を受け止め、最後に弁明や説明を冷静に行う。
- その場で即答できないときは、**いつまでに返答するのか**を伝え、必ず実行する。

第3章 マナー・接遇

確認しよう！

3級レベル 〈問題1〉

次は、秘書A子が取引先の依頼を断るときの対応の仕方である。中から不適当と思われるものを一つ選びなさい。

1) 応じられない理由をきちんと説明し、理解を求めるようにしている。
2) 相手の話をさえぎらず、最後まで聞いてから断るようにしている。
3) できる限り代案を提示し、相手の要求を少しでも満たすように努力している。
4) 相手の気分を害さないように、いったん「検討します」と言うようにしている。
5) 断ったのに再度依頼された場合は、「再度ご依頼がありましたことは申し伝えます」と言うようにしている。

3級レベル 〈問題2〉

次は、秘書A子が上司Tの指示で取引先の依頼を断ったときの言葉づかいである。中から不適当と思われるものを一つ選びなさい。

1)「誠に残念ですが、Tはお引き受けいたしかねると申しております」
2)「申し訳ございませんが、いまTは時間がありませんので考えておくと申しております」
3)「あいにくですが、お引き受けいたしかねます」
4)「申し訳ございませんが、お断りするように申しつかっております」
5)「ご期待に添えず、申し訳ございません」

解答と解説

〈問題1〉 4)

解説	「検討します」「考えておきます」などのあいまいな返事をすると、相手に無駄な期待をさせてしまうことになるのでかえって失礼。断る意思を明確に伝えることが必要です。

〈問題2〉 2)

解説	「時間がない」ということを断る理由にすると、「それなら、時間のあるときなら受けてもらえる可能性がある」と相手は考えてしまいます。はっきり「ノー」とわかる言葉で伝えなければいけません。その場合は、「クッション言葉（申し訳ありませんが、あいにくですが、残念ですが、など）」＋「断りの言葉」を使い、誠実な態度で断る意思を伝えます。
アドバイス	断りの言葉を述べるときは、「〜できません」という否定表現ではなく、「〜（いた）しかねます」という肯定表現を使います。

確認しよう！

2級レベル 〈問題1〉

秘書A子は、上司から「雑誌の取材の件は一応断っておいてほしい。来週なら時間が取れるかもしれないが」と言われた。次は、その際のA子の断り方である。中から適当と思われるものを一つ選びなさい。

1) 「今週は予定が詰まっておりお引き受けいたしかねますが、来週であれば検討してみると申しております」
2) 「理由は私にもよくわかりませんが、お断りしたいと申しております」
3) 「来週ならお引き受けできるかもしれませんが、出張などの予定も入っているため、その可能性は低いと存じます」
4) 「今週は無理ですが、来週ならお引き受けできるかもしれませんので、期待してお待ちください」
5) 「おそらく来週、お引き受けできると思われますので、再度取材内容を詳しくお聞かせください」

2級レベル 〈問題2〉

次は、秘書A子の苦情への対応の仕方である。中から<u>不適当</u>と思われるものを一つ選びなさい。

1) 相手の要求や質問にすぐに応じられないときは、いつまでに返答するかを告げ、必ずその約束を守る。
2) 相手が何について苦情を言っているのかを冷静になって理解する。
3) 相手の言い分が間違っているときは、すぐに弁明したり、正しい内容を説明する。
4) 相手が感情的になっているときは、真摯な態度で黙って言い分を聞く。
5) 適宜相づちを打って、真剣に聞いていることをきちんと示す。

解答と解説

〈問題1〉 **1)**

解説	1) は、予定が詰まっているという「断る理由」と、来週であれば検討するという「代案」をきちんと示しているので適当。2)、3)、5) 秘書が勝手に判断して、断ったり、引き受けられるだろうなどと言ってはいけません。4)「今週は無理」「期待してお待ちください」という言い方が不適当。

〈問題2〉 **3)**

解説	相手が間違っていても途中で口を挟まず、最後まで黙って聞き、話が終わったところで弁明や説明をします。苦情への対応の一番のポイントは、<u>まず相手の怒りや不満を受けとめる</u>ことです。

8 電話応対

頻出度 ★★★

合格のPoint 電話は声だけでやりとりするため、内容が正しく伝わるように発音や話し方に十分な配慮が必要です。失礼のないかけ方・受け方をマスターしておきましょう。

Lesson ▶ 聞き取りにくい電話。相手の声が聞こえない

NG：大きな声でお願いいたします（聞こえない…）

OK：少々お電話が遠いようですが…

相手の声が聞き取りにくい場合は、「大きな声で話してください」と頼むのではなく、「お電話が遠いようですが」と、電話のせいにして相手に知らせます。

1 電話応対のマナー　重要度 ★★

● 基本のマナー

一般常識として押さえておきたい基本のマナーを身につけましょう。
① 3コール以内に電話に出る。
② かける時間帯に気を配る。
③ 聞き取りやすく、わかりやすい言葉を使う。
④ 同音異義語（市立と私立など）や難しい漢字、アルファベットなどは説明を加える。
　例：「市立（イチリツ）のほうです」「憲法の"憲"です」「ビジネスの"b"です」など
⑤ 途中で切れた場合は、かけたほうからかけ直す。
　＊受けた場合でも、相手が自分より立場が上なら、自分からかけ直す！
⑥ 長く待たせる場合は途中で声をかける。
　例：「こちらからおかけ直しいたしましょうか。それとも、このままお待ちいただけますか」

● **聞き取りにくい場合**

電話が聞き取りにくい場合は、以下のような対処が有効です。
① 「お電話が遠いようですが」と、相手に聞き取りにくいことを伝える。
　＊「聞こえません」は、相手を責めているようで失礼
② 「後ほどこちらからかけ直します」と申し出て、別の電話機からかけたり、時間をおいてからかけてみる。
③ こちらも小さい声で話すと、相手が声を大きくしてくれることもある。

2 電話のかけ方・受け方　重要度 >> ★★

● **かける場合**

話す内容を整理し、メモやペン、必要な資料をそろえる。
→ 会社名、名前を告げ、あいさつする。　例：「株式会社△△の○○です（と申します）」
→ 話したい相手の部署と名前を告げる。　例：「営業部○○様をお願いいたします」
→ 相手が出たらあいさつし、今話してよいか確認する。
→ 簡潔に用件を話す。
→ あいさつして静かに受話器を置く。
　＊相手が不在の場合は、後でかけ直すことを出た人に伝えるか、伝言を頼む

● **受ける場合**

メモとペンを用意して電話をとる。
→ 会社名、部署名、名前を告げ、あいさつする。例：「△△株式会社総務部でございます」
→ 相手の会社名、名前を確認し、復唱する。
→ 用件を聞き、取り次ぐ。用件は必ずメモにとり、復唱する。
　＊取り次ぐ際、必ず電話に出られるとは限らないので、在・不在は相手に言わない！

3 上司が不在の場合の取り次ぎ　重要度 >> ★★★

出張や外出などで上司が不在のときは、以下のように対応します。

- おわびの言葉を述べ、不在であることを告げる。
  例：「申し訳ございません。あいにく○○は出張中でございます」
- 相手の意向を聞く。　例：「よろしければ、ご用件を承りましょうか」
- 戻りの時間を尋ねられたとき
  例：「○時ごろに戻る予定ですが、いかがいたしましょうか」
- 連絡がほしいと言われたとき
  例：「かしこまりました。恐れ入りますが、お電話番号をお聞かせいただけませんでしょうか」
- 上司の携帯電話番号を聞かれたら、すぐに教えず、相手の電話番号を聞いてこちらから電話するようにする。
- 伝言を受けたら、上司の机の上など見やすい場所に伝言メモを置く。上司が戻ったら電話があったことを口頭で必ず告げる。

第3章 マナー・接遇

確認しよう！

3級レベル 〈問題1〉

次は、電話応対のマナーについて述べたことである。中から<u>不適当</u>と思われるものを一つ選びなさい。

1) 相手の声が聞き取りにくい場合は、「お電話が遠いようですが」と言う。
2) 呼び出し音が3コール以上鳴ってから出るときは、「お待たせいたしました」と言う。
3) 電話をかける場合、週初めの始業時間直後、週末の終業時間前は忙しい時間帯なので、極力避けるようにする。
4) 電話を受けるときは、相手が名乗ってから自分も名乗るようにする。
5) 電話が途中で切れたときは、原則としてかけたほうからかけ直す。

3級レベル 〈問題2〉

次は、秘書A子が間違い電話に対して言った言葉である。中から適当と思われるものを一つ選びなさい。

1) 「こちらは〇〇社と申しますが、番号をお間違えではないでしょうか」
2) 「番号が違うと存じます。よく調べてからおかけください」
3) 「何番におかけですか。こちらは〇〇社と申します」
4) 「当社は××社ではありません。よくお調べください」
5) 「もう一度番号を確認なさったほうがよいのではないでしょうか。こちらは〇〇社と申します」

解答と解説

〈問題1〉 4)

解説	電話に出たら、まず明るい声ではっきりと自分が名乗り、その後「いつもお世話になっております」など、簡単なあいさつをするのがマナー。 5)については、かけたほうからかけ直すのが原則だが、受けた場合でも相手が<u>上の立場の人</u>なら自分からかけ直すことを覚えておきましょう。
問題の傾向	電話応対のマナーでよく問われるのは、①出るタイミングとかけるタイミング、②ふさわしい話し方、③途中で切れたときの対応、④待たせる場合の対応、です。

〈問題2〉 1)

解説	たとえ間違い電話であっても、マナーとして丁寧に応対することが必要。「〜ください」という命令調の言い方や、「〜と申します」で言い切る言い方は、印象がよくありません。

確認しよう！

2級レベル 〈問題1〉

次は、秘書A子が電話応対の際に行っていることである。中から不適当と思われるものを一つ選びなさい。

1) 電話をかける場合、相手が出たら「いまお時間はよろしいでしょうか」と確認してから話すようにしている。
2) 相手が不在のときは、出た人に「伝言をお願いいたします」と言って用件を伝えるようにしている。
3) 相手が名前と会社名を名乗ったら、「○○社の○○様でいらっしゃいますね」と復唱するようにしている。
4) 回線の不都合で相手の声が聞き取りにくい場合は、「後ほどこちらからかけ直します」と言って、別の電話機からかけるようにしている。
5) 用件は必ずメモにとり、復唱するようにしている。

2級レベル 〈問題2〉

次は、秘書A子の上司（小林部長）あてにかかってきた電話に対する受け答えの普通の言い方である。電話の応対時の接遇用語としてふさわしい言い方に直しなさい。

1)「いま外出中なので、こっちからかけ直しましょうか」
2)「よかったら、用件を聞かせてもらえますか」
3)「電話があったことは小林部長に伝えます」
4)「5時に戻る予定ですが、どうしますか」
5)「いま小林部長と代わりますので、少し待ってください」

解答と解説

〈問題1〉 2)

解説	伝言を頼む場合は、まず「伝言をお願いできますでしょうか」と相手に確認し、了承してもらったら用件を話して相手の名前を尋ねるようにします。 「伝言をお願いいたします」というのは、一方的な言い方なので不適当。

〈問題2〉
1)「申し訳ございませんが、ただいま外出しておりますので、こちらからおかけ直しいたしましょうか」
2)「よろしければ、ご用件をお聞かせ願えますでしょうか」
3)「お電話をいただいたことは、確かに小林に申し伝えます」
4)「5時に戻る予定でございますが、いかがいたしましょうか」
5)「ただいま小林と代わりますので、少々お待ちくださいませ」

解説	電話応対時の接遇用語が記述問題で出題されることがあります。正しい言い方を覚えておきましょう。

9 来客応対

合格のPoint 接客の基本は、「丁寧・誠実・迅速・正確」であることです。約束の有無や用件にかかわらず、公平に応対することを心がけましょう。

Lesson お約束のないB様が来社された後、お約束のY様が…

NG お約束のY様どうぞ

OK B様どうぞ / Y様 少々お待ちください

来客は約束（アポイントメント）のある・なしにかかわらず、先着順に応対します。

1 来客応対のマナー　重要度 ★★★

アポイントメント（面会予約）のある客とない客では対応の仕方が変わってきます。アポイントメントがある場合はあいさつ後、すぐに上司に取り次ぎます。アポイントメントなしの場合は、相手の用件などによって次のように対応します。

＜来客を取り次ぐ場合＞

● **転任・着任、年末年始などのあいさつのケース**

こうした儀礼的なあいさつは、普通、短時間で終わるため、できる限り上司と会えるように取り次ぎます。その際は、「**わざわざご丁寧にありがとうございます**」と一言添えます。上司が不在で代理の者に取り次ぐ場合は、上司が不在であることを告げ、「**もしよろしければ、代わりに○○がお話を伺い、後ほど△△（上司）に伝えますがいかがでしょうか**」と申し出ます。また、アポイントメントのある客と受付で重なった場合は、まずその人を応接室に通して事情を説明したうえで**待ってもらい**、その間に**あいさつの客**を取り次ぎます。

＜来客を取り次がない場合＞
● 寄付の依頼や広告営業のケース
　基本的には断るように指示されていることがほとんどですが、指示がない場合は事前に**対処法**を上司に相談しておくとよいでしょう。**担当部署**があれば取り次ぎ、担当者に対応してもらいます。
● 紹介状を持参したケース
　紹介状は、得意先候補を紹介するときなどによく利用されています。紹介状があり、アポイントメントもとっている場合は、通常の面会予約客と同じように対応します。アポイントメントをとっていない場合は、まず相手の**会社名**や**氏名**を聞いたうえで紹介状を受け取り、**封筒から出さずに**上司に渡し、取り次ぐかどうかを確認します。

2 案内のマナー　　重要度 >> ★ ★

案内を始める 「○○へご**案内いたします**」と告げ、客の**少し斜め前**を歩いて誘導し、客には廊下の中央を歩いてもらいます。廊下の曲がり角では、進む方向を手で指し示します。	
エレベーターでは 「○階でございます」と告げてから**自分**が先に乗り、「開」ボタンを押します。ただし、先に人が乗っていたら、ドアを押さえて客を先に乗せます。降りるときは客を先に降ろします。	
階段では 上がるときは客の**斜め後ろ**、下りるときは**客の斜め前**を歩きます。ただし、客がスカートの女性の場合は、上がるときも**斜め前**を歩きます。	
部屋に着いたら 「こちらでございます」と言って**ノック**し、ドアを開けます。外開きのドアは**客**を先に部屋に入れ、内開きのドアは**自分**が先に入ってドアを押さえ、客を迎え入れます。	

❸ 見送りのマナー　重要度 >> ★★★

① **自分の席で見送るとき**：いすから立ち上がり、「失礼いたします」と一礼します。客が部屋を出て見えなくなるまで、立って見送ります。
② **エレベーターの前で見送るとき**：客がエレベーターに乗ったら、「失礼いたします」「ありがとうございました」などと一礼し、ドアが閉まるまで見送ります。
③ **車の前で見送るとき**：必要に応じて、客の荷物を車に運び入れます。発車しようとしたら一礼して、車が見えなくなるまで見送ります。

❹ 名刺の受け取り方　重要度 >> ★★★

① 名刺は胸の高さで、まず右手で受け取り、左手を添え、両手で受け取ります。
② その際に「ちょうだいいたします」と言ってお辞儀をします。
③ 相手の会社名や氏名などに指がかからないように両角を持つようにします。
④ 受け取ったら、会社名と名前を復唱します。
⑤ 読み方がわからない場合は、「失礼ですが、何とお読みすればよろしいでしょうか」と尋ねて確認します。

❺ 紹介の順序　重要度 >> ★★★

訪問客を上司などに引き会わせるときには、秘書が紹介役を務めることがありますが、次のように紹介するのが原則です。

状況	先に紹介	後に紹介
地位の上下がある場合	地位の低い人	地位の高い人
年齢差がある場合	年下の人	年上の人
地位や年齢が同じ場合	自分の親しい人	自分の親しくない人
性別が異なる場合	男性	女性
1人を大勢に紹介する場合	1人	大勢の各人
紹介を望んでいる人と紹介を受ける人の場合	紹介を望んでいる人	紹介を受ける人

確認しよう！

3級レベル 〈問題1〉

次は、秘書A子が来客を案内した際に行ったことである。中から不適当と思われるものを一つ選びなさい。

1) 客の少し斜め前を歩いて誘導し、客には廊下の中央を歩いてもらった。
2) スカートの女性客の斜め前を歩いて階段を上がった。
3) 応接室の前で「こちらでございます」と言って、ドアをノックしてからドアを開けた。
4) 「○階にご案内いたします」と客に行き先の階を告げてから、エレベーターに乗った。
5) エレベーターから自分が先に降りて、お辞儀をした格好で客が降りるのを待った。

2級レベル 〈問題2〉

次は、秘書A子が上司を訪ねてきた来客に対して行ったことである。中から不適当と思われるものを一つ選びなさい。

1) 寄付の依頼の客が来たが、上司から断るように言われていたので、「申し訳ございませんが、そのお申し出はお受けいたしかねます」とはっきりと断った。
2) 上司が不在だったので、まず不在であることをわび、「いかがいたしましょうか」と相手の意向を聞いた。
3) 上司が会議中に転任のあいさつの客が来たが、何度も会ったことがある人だったので、代わりに応対しておいた。
4) 約束のない来客には、上司の在不在は言わず、用件を聞いて上司に伝え、指示を仰いだ。
5) 上司の外出中に、上司の知人が頼まれていた品物を突然届けにきたので、「恐れ入ります。確かにお預かりいたします」と言って品物を預かった。

解答と解説

〈問題1〉 5)

解説	エレベーターを降りるときは、来客に先に降りてもらうのがマナー。逆に、乗るときは、誰も乗っていなければ秘書が先に乗り、「開」ボタンを押して来客を乗せます。先に人が乗っている場合は、秘書がドアを押さえて来客を先に乗せます。

〈問題2〉 3)

解説	相手は上司にあいさつをしに来たのだから、たとえよく知っている人であっても秘書が代わりに応対することはあり得ません。また、新任・着任・年末年始などの儀礼的なあいさつは、通常、短時間で終わるので、できるだけ上司に取り次ぐようにします。

第3章 マナー・接遇

10 席次のマナー

頻出度 ★★☆

合格のPoint
席次は上位の人が上座に、下位の人が下座に座るのがマナー。お茶を出す場合は上座から順に出します。応接室だけでなく、車や列車の席次も覚えましょう。

Lesson　お客様にお茶を出すときの正しい順番は？

NG ／ OK

年配者が必ずしも役職が上位とは限りません。上位の人がわからない場合は、上座の人からお茶を出すようにしましょう。

1 応接室での席次

重要度 >> ★★

　応接室では、客・目上の人から順に**上座**に座ってもらいます。通常、上座は出入り口から**一番遠い**位置にある**ソファー席**（A-1、2）や、窓や部屋の飾り物がよく見える席です。ソファーがないときは、奥のテーブルを挟んだ席（B-1、3）が上座になりますが、話しやすさの点から、客が並んで座る（B-1、2）のが一般的です。

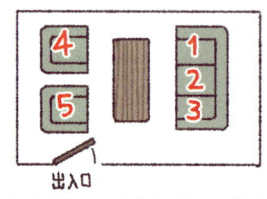

（A）ソファーがある場合の席次 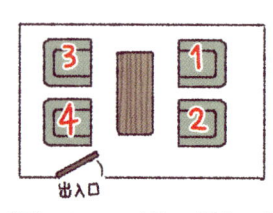　（B）ソファーがない場合の席次

2 乗り物での席次　重要度 >> ★★

●自動車
タクシーなど運転手がいる場合は、**運転手の後ろ**が上座です。
取引先、上司などが運転する場合は、**助手席**が上座です。

●列車（向かい合わせの場合）
進行方向の窓側が上座です。通路側より窓側が上座になり、そのうえで進行方向に沿った席がよりよい席になります。

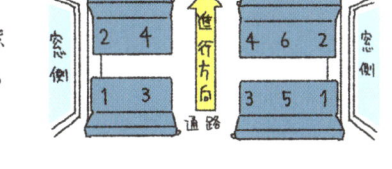

●列車・飛行機
進行方向（前方）の窓側が上座です。3列の場合、真ん中の席が一番下座です。

3 茶菓の接待　重要度 >> ★★

茶菓を出すときは、まず、**ドアをノック**して部屋に入り、「失礼いたします」と会釈します。出し終えたら、「失礼いたしました」と**一礼**して部屋を出ます。

＜茶菓接待の注意点＞
① 客から先に、上座から配る。
② 名刺交換やあいさつが済んだころ合いを見計らって出す。
③ 「どうぞ」などの言葉を添えるのが基本だが、会話中なら黙礼して出す。
④ 客も社員も同じ器を使う。
⑤ 湯飲み茶わんの模様が客の正面に、茶たくの木目が横になるように置く。
　＊木目を縦にすると、客の体に刺さるイメージがあるので失礼
⑥ お茶は湯飲み茶わんの7分目まで入れる。
⑦ お菓子、お茶の順に出し、客から見て左側にお菓子、右側にお茶を置く。
⑧ テーブルがふさがっているときは、「こちらに置いてもよろしいでしょうか」などと声をかけ、スペースをつくってもらう。
⑨ お茶を下げたり交換するときは「お下げしてよろしいでしょうか」と一言添え、茶たくごと下げる。

第3章 マナー・接遇

確認しよう！

3級レベル 〈問題1〉

　上司の指示で取引先に書類を届けに来た秘書A子は、応接室に通され、座って待つように言われた。「こちらにお座りください」と勧められなかったが、どの席に座るべきか。次の中から適当と思われるものを一つ選びなさい。

1) A
2) B
3) C
4) D
5) E

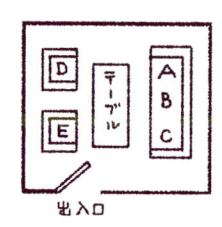

3級レベル 〈問題2〉

　次は、秘書A子の来客への茶菓の出し方である。中から不適当と思われるものを一つ選びなさい。

1) まず茶たくをテーブルに置いて、その上に茶わんをのせるようにしている。
2) お菓子とお茶を一緒に出すときは、お菓子を出した後にお茶を出している。
3) お茶を交換するときは、「お下げしてよろしいでしょうか」と言っている。
4) 上座の客から順に、「どうぞ」と言って出している。
5) 木製の茶たくは、客から見て木目が横になるように置いている。

解答と解説

〈問題1〉 5)

解説	秘書が応接室に案内された場合は、下座（この場合、入り口に近い、ソファー席ではない席）に座ります。逆に、来客には目上の人から順に上座（A、B、C）に座ってもらいます。
アドバイス	いすは、「ソファー→肘掛け付きいす→肘掛けのないいす」の順に格が低くなることも覚えておきましょう。

〈問題2〉 1)

解説	お盆にのせて運ぶときは茶わんと茶たくは別々にするが、出すときは茶たくの上に茶わんをのせて出すのが礼儀です。
アドバイス	入室・退出する際のマナーも押さえておきましょう。 ・入室―ドアをノックして入り、「失礼いたします」と会釈します。 ・退室―「失礼いたしました」と言って一礼してから出ます。

確認しよう！

2級レベル 〈問題1〉

秘書A子は、上司（部長）の取引先への出張に同行した。次は、その際の席次について述べたことである。中から<u>不適当</u>と思われるものを一つ選びなさい。

1) 行きの電車では、上司が窓側に座り、A子が通路側に座った。
2) 取引先の応接室では、上司が入り口から遠い奥の席、A子は上司の手前の隣の席に座った。
3) 取引先までのタクシーでは、上司は助手席、A子は運転手の後ろに座った。
4) 昼食のために立ち寄ったレストランでは、上司は奥のソファー席、A子は手前の肘掛けのないいすに座った。
5) 取引先の専務も一緒にタクシーに乗ったときは、専務は運転手の後ろ、上司は助手席の後ろ、A子は助手席に座った。

2級レベル 〈問題2〉

秘書A子は、上司である部長と他部署の係長2人と一緒に電車で支店を訪れた。図のような座席では、A子はどこに座るべきか。次の中から適当と思われるものを一つ選びなさい。

1) A
2) B
3) C
4) D
5) E

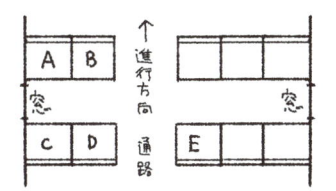

解答と解説

〈問題1〉 3)

解説	タクシーの場合は、運転手の後ろが上座、次が助手席の後ろ、（ある場合は）バックシートの真ん中、助手席、という順になります。この場合は、上司が運転手の後ろ、A子はその隣に座るのが一般的です。
アドバイス	車の席次は誰が運転するかによって変わります。運転手がいる場合は「運転手の後ろ」、オーナードライバーが運転する場合は「助手席」が上座になることを覚えておきましょう。

〈問題2〉 2)

解説	この問題のように向かい合わせのシートの場合、進行方向の窓側（C）が上座になり、次にA、D、Bの順になります。よって、上司である部長はC、係長2人はA、D、A子はBに座るのが適当。
アドバイス	3席並ぶ場合は、窓側が上座、次が通路側、真ん中が下座になります。

11 贈答のマナー

合格のPoint　秘書は、取引先や上司関連の慶事・弔事などで、贈答の手配をすることがあります。目的や相手との関係を考慮したうえで、しきたりを守ることが大切です。

Lesson　結婚式で使うご祝儀袋の水引の種類といえば…

NG「何度でもOK!!」（御祝）

OK「結婚のお祝いは一度きり」（寿）

結婚式など、一度きりのほうがよいことには、ほどけない「結び切り」を使います。何度あってもよいことには、結び直せる「蝶結び」を使います。

1 贈答の基本知識　重要度 >> ★★★

金品を贈るケースには以下のようなものがあります。
- 落成式、記念式…招待状が届いたらすぐに返事を出し、祝いの品を贈る。花や酒などが一般的。
- お中元…………地域で異なるが、7月初めから15日までに贈る。この後、立秋までは「暑中お見舞い」、それ以降は「残暑お見舞い」となる。
- お歳暮…………12月初旬から20日ごろまでに贈る。デパートなどから配送する場合も、あいさつ状は添えるようにする。
- お年賀…………1月1日から6日までに贈る。それ以降は「寒中お見舞い」となる。
- お見舞い………現金を贈るのが一般的。花も多いが、鉢植えは「寝づく（根づく）」という言葉を連想させるため不適当。

2 水引の種類と用途　重要度 >> ★★★

現金を贈る場合は、用途に応じた祝儀袋、不祝儀袋を使います。水引は、何度あってもよいことには「**蝶結び**」、二度とないほうがよいことには「**結び切り**」を使うと覚えましょう。

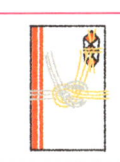 ●結婚祝い、快気祝い 紅白または金銀の結び切り・「のし」はつける	 ●結婚以外の慶事 紅白または金銀の蝶結び・「のし」はつける	 ●弔事 黒白または銀白、銀一色の結び切り「のし」はつけない	 ●お見舞い 白無地封筒に水引なしで上書きのみ

3 上書きの書き方　重要度 >> ★★★

上書きとは、祝儀袋などの表に書く決まり言葉と送り主の名前のことです。用途に応じて使い分けます。

●**記名の仕方**

①1人の場合 
　袋の**中央**に**フルネーム**で書く。

②連名の場合 
　右側から年齢順または上位順に書く。

③4人以上の連名の場合 
　中央に代表者名を書き、その左側に「**外一同**」または「**他○名**」と書く。別紙に全員の名前を書き、中包みに入れる。

④連名で宛て名を入れる場合 
　左上に宛て名を書き、**左側**から年齢順または上位順に書く。
　＊宛て名が入ると名前を書く順番が変わる！

⑤社名や肩書きを入れる場合 
　名前の**右上**に小さく書く。

⑥名刺を貼る場合 
　左下に貼る。あくまでも仕事関係だけで許される**略式**なので、**突然の訃報**などで急いでいるときのみ。

⑦部署で出す場合
　「営業課**一同**」などとする。

● 上書きの種類

用途	上書き
慶事 会社関係 ビル・社屋新築／開店、開業／上棟式	御祝、祝落成／御祝、祝開店、祝開業／御祝、祝上棟
慶事 個人 結婚／出産／結婚・出産のお返し／賀寿／新築	御祝、寿、祝御結婚／御祝、寿、祝御出産／内祝／御祝、寿、敬寿、祝延寿／御祝、祝新築
弔事 葬儀、告別式（仏式）／法要（仏式）／葬儀、告別式、法要（神式）／葬儀（キリスト教式）／香典返し／お寺や僧侶へのお礼／神社へのお礼／教会へのお礼	御霊前、御香典／御仏前／御霊前、御神前、御玉串料、御榊料／プロテスタント：御霊前、御花料、御花輪料　カトリック：御ミサ料／志、忌明（仏式）／御布施／御祭祀料／献金　※四十九日までは「御霊前」、それを過ぎると「御仏前」と使い分ける。
お見舞い	病気、けがのお見舞い／災害、火災のお見舞い／お見舞いへのお返し／差し入れ	御見舞、祈御全快／御見舞、災害御見舞、水害御見舞、地震御見舞、など／内祝、快気祝、全快祝、快気内祝／陣中御見舞
その他	一般のお祝い／一般のお礼／交通費／転勤、栄転／退職、送別会／品物を贈る／寄付／地域の祭りへの寄付／金額を明示しない賞金、寄付金など	御祝／御礼、謝礼、薄謝、寸志（目下の人へ）／御車代／御餞別、栄転御祝、祝御栄転／御餞別／贈呈、謹呈、粗品／寄贈／御祝儀、御奉納／金一封

4 現金の包み方

重要度 >> ★★★

現金は中包みに入れ、中包みの表面中央に**金額**、裏面左側に**住所**と**名前**を書きます。

● **慶事の場合**：**新札**を入れ、**濃い墨**で文字を書く。上包みは**下側**が上になるようにして重ねる。

● **弔事の場合**：新札以外を入れるが、新札しかない場合は**折り目をつけて**から入れる。文字は**薄墨**で書き、上包みは**上側**が上になるようにして重ねる。

144

確認しよう！

3級レベル 〈問題1〉

次は、祝儀袋の上書きの記名の仕方について述べたものである。中から<u>不適当</u>と思われるものを一つ選びなさい。

1) 社名や肩書きは名前の右上に小さく書く。
2) 連名の場合、左側から年齢順または上位順に書く。
3) 仕事関係で略式の場合のみ、上書きの代わりに名刺を貼ってもよい。
4) 連名の場合、中央に代表者名を書き、その左側に「他○名」と書いてもよい。
5) 部署で出す場合は、「○○課一同」と書く。

2級レベル 〈問題2〉

次は、秘書A子が上司から贈答の手配を頼まれたときに行ったことである。中から<u>不適当</u>と思われるものを一つ選びなさい。

1) デパートからお中元を直接送ったので、品物が届くころを見計らってあいさつ状を出した。
2) 相手の好みがわからなかったので、上司に確認したうえでギフト券を贈った。
3) 取引先の新社屋完成パーティーに上司が持っていく祝儀袋の上書きに、「祝落成」と書いた。
4) 上司の知人の入院見舞いに、花束と健康食品を用意した。
5) 取引先へのお歳暮に、社員全員で分けられるお菓子を贈った。

解答と解説

〈問題1〉 2)

解説	連名の場合は、右側から年齢順または上位順に名前を書くのがルール。ただし、連名でも宛て名を入れる場合は、<u>左側から書く</u>ようにします。
アドバイス	名前の書き方と同時に、上書きの決まり言葉も頭に入れておきましょう（P.143〜144参照）。
問題の傾向	贈答のマナーについては頻繁に出題されます。特に、「上書き」や「水引」に関する知識が問われることが多いので、しっかりと理解しておきましょう。

〈問題2〉 4)

解説	健康食品の類いには病人が摂ってはいけない成分が含まれている場合があるので避けましょう。また、花は花束ならよいが、鉢植えは「根づく＝寝づく」という連想から縁起が悪いとされているのでお見舞いには不適当。お見舞いには現金が最も無難といえます。
アドバイス	贈答品を贈る場合は、送るタイミングも重要です。特にお中元（7月初め〜15日）、お歳暮（12月初旬〜20日ごろ）、お年賀（1月1日〜6日）はしっかり覚えておきましょう。

第3章 マナー・接遇

12 慶事の業務とマナー

合格のPoint　慶事とはお祝い事のことで、会社関係のものと個人的なものに分けられます。慶事の種類や形式、出席する場合の服装について覚えておきましょう。

Lesson　パーティーの紹介状には「平服」でと書いてありますが…

招待状に「平服でお越しください」と書いてある場合の服装は、普段着のことではありません。男性はダークスーツ、女性はスーツやワンピースを着用します。

1 慶事における秘書業務　重要度 ★★

- **祝電を打つ**………出席できない場合は、差出人名、文、台紙を上司に確認してから、「祝電扱い」「日時指定」で打ちます。
- **上司の代理で出席**…上司の代理、または受付の手伝いなどとして出席することがあります。服装（ワンピースにコサージュをつけて華やかさを出すのもよい）や態度、言葉遣いに注意します。
- **自社行事の手伝い**…自社の祝賀会などでは、受付をすることがあります。

2 慶事の種類　重要度 ★★★

慶事には、落成、新築、開店・開業、昇進・就任などの会社関係のお祝い事と、婚礼、賀寿（長寿の祝い）、受章、叙勲(じょくん)などの個人的なお祝い事があります。

146

● 賀寿（長寿の祝い）の種類

名称	年齢	名称の由来
還暦	満60歳	60年で十二支がひと巡りして、出生時の干支に戻ることから
古希	70歳	昔は70歳を迎えるのはまれだったことを歌った「人生七十古来稀なり」（杜甫の詩『曲江』の一節）から
喜寿	77歳	「喜」を草書体にしたときの字が「七・十・七」に見えることから
傘寿	80歳	「傘」の略字（仐）が「八・十」に見えることから
米寿	88歳	「米」の字を分解すると「八・十・八」になることから
卒寿	90歳	「卒」の略字（卆）が「九・十」に見えることから
白寿	99歳	「百」の字から「一」を取ると「白」になることから

3 パーティーのスタイル　重要度 >> ★★★

ランチョン・パーティー	正午～午後2時ごろまでの正式な昼食会
ディナー・パーティー	午後6時以降に行う正式な晩さん会
カクテル・パーティー	午後5時ごろから1～2時間程度行う飲酒会。食事は軽食
カクテルビュッフェ・パーティー	カクテルパーティーに食事が加わったもの

4 慶事における秘書の服装　重要度 >> ★★

秘書が上司の代理として出席する場合は、<u>礼服</u>に準じた服装にします。

洋装	女性	正装 午前・昼	アフタヌーンドレス
		正装 午後・夜間	イブニングドレス
		略式	上品なワンピースやスーツ カクテルドレス
	男性	正装 午前・昼	モーニングコート（モーニング）、白かシルバーグレーなどのネクタイ、白のワイシャツ・手袋、黒の靴・靴下
		正装 午後・夜間	燕尾服かタキシードで、白のネクタイ（燕尾服）黒の蝶ネクタイ（タキシード）、白のワイシャツ・手袋・ハンカチーフ、黒の靴、黒の靴下
		略式	ブラックスーツかダークスーツ（ダークグレーやダークブルーで無地か縞のもの）

タキシード　イブニングドレス

和装	女性	正装	未婚者：振袖 既婚者：留袖
		略式	未婚者：中振袖、訪問着 既婚者：訪問着
	男性	正装	黒羽二重の五つ紋付羽織袴
		略式	紋付の着物、羽織、袴

確認しよう！

3級レベル 〈問題1〉

次は、慶事に関する用語とその意味の組み合わせである。中から<u>不適当</u>と思われるものを一つ選びなさい。

1) 落成式 ＝ 建物などが無事に完成したことを感謝し、祝う儀式
2) 受章 ＝ 国や社会に貢献した人が褒章や勲章を受けること
3) 賀寿 ＝ 長寿の祝い
4) 祝儀 ＝ 祝い事のときに祝意をこめて贈る金品
5) 祝詞 ＝ 祝いの席で述べる祝いの言葉

3級レベル 〈問題2〉

秘書A子は、上司の知人の結婚披露宴の受付を手伝うことになった。その際、A子はどのような服装をするべきか。次の中から適当と思われるものを一つ選びなさい。

1) これも仕事の一つなので、普段、会社に行くときと同じ服装にする。
2) ワンピースを着て、胸にコサージュをつける。
3) おめでたい席なので、振袖を着る。
4) 華やかな雰囲気を出すように、ドレスを着る。
5) 光る生地でスパンコールなどの飾りがついた派手な服を着る。

解答と解説

〈問題1〉 5)

解説	「祝詞」は、祭りの儀式や神前結婚式などで神主が唱える言葉。祝いの席で述べる祝いの言葉は、「祝辞」です。
問題の傾向	慶事については、賀寿の名称と年齢もよく問われます。「80歳の祝いは何というか、書きなさい」といった形で記述問題として出されることもあります。

〈問題2〉 2)

解説	1) いくら受付であってもおめでたい席なので、普段と同じ服装は不適当。 3)、4) 振袖やドレスは披露宴やパーティーに出席するときです。 5) 披露宴といっても受付なので、秘書の立場をわきまえて派手になりすぎない服装にします。ほかに受付の人がいる場合は、その人たちと調和するように配慮します。

確認しよう！

2級レベル 〈問題1〉

次は、出席者・慶事のシーンと服装の組み合わせである。中から<u>不適当</u>と思われるものを一つ選びなさい。

1) （女性）午前中に正装の洋装で出席する場合 ― アフタヌーンドレス
2) （既婚女性）和装の正装で出席する場合 ― 振袖
3) （男性）略式の和装で出席する場合 ― 紋付の着物
4) （女性）略式の洋装で出席する場合 ― ワンピース、スーツ、カクテルドレス
5) （男性）夜間に正装の洋装で出席する場合 ― 燕尾服、タキシード

2級レベル 〈問題2〉

次は、パーティーについて述べたものである。中から<u>不適当</u>と思われるものを一つ選びなさい。

1) ランチョン・パーティーは、午後3時ごろから始まる、お菓子や軽食が出る気軽な集まりである。
2) カクテル・パーティーは、午後5時ごろから始まる飲酒と軽食を楽しむパーティーで、時間内なら出入りが自由である。
3) カクテルビュッフェ・パーティーは、カクテル・パーティーに食事が加わったものである。
4) ディナー・パーティーは、正式な晩餐会で、服装の規定があり、席次も決まっている。
5) ティー・パーティーは、午後3時ごろから1時間くらい行われる、最も軽い形式のパーティーである。

解答と解説

〈問題1〉 2)

解説	既婚女性の着物の正装は、留袖。振袖は未婚女性が着るものです。略式の場合は、既婚女性は訪問着、未婚女性は中振袖、訪問着を着ます。
アドバイス	上司に関する慶事において、秘書は受付を担当したり、代理として出席したりすることもあります。秘書の場違いな服装は、上司の信用を損ねることにもなりかねません。しっかり覚えておきましょう。

〈問題2〉 1)

解説	ランチョン・パーティーは、正午から午後2時ごろに行われる正式な昼食会のこと。ディナー・パーティーの次に丁重なものです。

13 弔事の業務とマナー（1）

合格のPoint
葬儀などの弔事は突然訪れるため、事前に準備しておくことはできません。素早く対応できるように、基本的なマナーや知識を頭に入れておきましょう。

Lesson　取引先の社長の訃報を聞きました。確認することは…

NG　会葬者の人数は…？／訃報

OK　日時OK／場所OK／訃報

会葬者の予想人数は参列者には関係ありません。必要なことのみ確認しましょう。

1　弔事における秘書業務　重要度 ★★★

　訃報を知ったら、次のような手順で業務を進めます。上司の家族が亡くなった場合は、関係者への葬儀の連絡、葬儀当日の受付の手伝いなどをします。

①情報を集める：逝去の日時、死因、葬儀の形式（仏式か神式かなど）、通夜・葬儀・告別式の日時と場所、喪主（葬儀の代表者）の氏名・住所・故人との関係について確認します。

②上司に報告し、必要事項を打ち合わせる
　・参列するのか。する場合は通夜・葬儀・告別式のどれか
　・香典はいくらで誰の名前で出すのか
　・供物、供花、弔電は必要か。誰の名前で出すのか
　・上司が参列する場合はスケジュール帳などに記入。代理参列の場合は、すぐに連絡する

③必要に応じて、供物・供花を手配する　＊通夜に間に合うようにする！
　・仏教：生花、花輪、果物、茶など　・神道：果物、酒、魚、榊など
　・キリスト教：白や淡い色の生花など

④必要に応じて、弔電を打つ

2 弔事における服装　重要度>> ★★★

通夜は突然のことなので喪服でなくても失礼にはあたりません。アクセサリーは結婚指輪と一連の真珠のネックレスだけにし、化粧やマニキュアも控えめにしましょう。

通夜	女性：地味な色のワンピースやスーツ 男性：ダークスーツ、ネクタイ・靴は黒
葬儀・告別式	女性：喪服か黒のワンピースやスーツ、靴・バッグ・ストッキングは光沢のない黒 男性：モーニングコートか黒のスーツ、ネクタイ・靴・靴下は黒

3 故人の送り方　重要度>> ★★

形式や宗教ごとのしきたりをしっかり覚えておきましょう。

●焼香の流れ

●仏式：焼香
①遺族に一礼してから焼香台に進み、焼香台の前まで来たら一礼する。
②右手の親指・人差し指・中指で抹香をつまむ。
③宗派や参列者数によって異なるが、1〜3回、つまんだ香を目の高さに押しいただいた後、香炉にくべる。
④遺影に合掌し、2、3歩下がって一礼。遺族にも一礼して席に戻る。

●神式：玉串奉奠（ほうてん）
①玉串の根元を上から右手で握り、左手は葉先を下から添えるようにして横向きに持つ。
②玉串台まで進み、祭壇に向けて一礼する。
③根元を手前にして玉串を縦にする。
④根元を左手に持ち替え、根元が祭壇に向くよう、時計回りに半回転させる。
⑤根元を祭壇に向けて玉串台に置く。
⑥2、3歩下がり、音を立てずに二礼二拍手してから一礼。遺族や神官にも一礼して席に戻る。

●キリスト教式：献花
①献花台に進み、一礼する。
②左手で茎の根元を持ち、右手は花のすぐ下に添える。
③時計回りに回し、茎を祭壇に向けて献花台に供える。
④黙祷（もくとう）して席に戻る。
　＊カトリックでは十字を切り、プロテスタントは胸の前で指を組むが、信者以外は普通に合掌してもよい

確認しよう！

3級レベル 〈問題1〉

次は、弔事に参列するときの服装について述べたものである。中から<u>不適当</u>と思われるものを一つ選びなさい。

1) 通夜は突然のことなので、喪服でなくても構わない。
2) 葬儀には喪服、または男女ともに黒色の服装にする。
3) アクセサリーをつけるなら、パールの二連のネックレスとピアス程度にする。
4) 靴、バッグ、ストッキングは、光沢のない黒で飾りのないものにする。
5) 厚化粧やマニキュアは控える。

3級レベル 〈問題2〉

秘書A子は、上司から「取引先の社長が亡くなったので準備をしてほしい」と言われた。次は、その際にA子が上司に確認したことである。中から<u>不適当</u>と思われるものを一つ選びなさい。

1) 通夜、告別式、葬儀に参列するのか。
2) 香典はいくらを誰の名前で包むのか。
3) 弔電や供物、供花は必要か。
4) 弔電、供物や供花を出すなら、いつまでに手配すればよいか。
5) 上司が参列できない場合は、代理の者を立てるのか。

解答と解説

〈問題1〉 3)

解説	女性の場合、アクセサリーでつけていいものは、パールの一連のネックレスと結婚指輪だけです。それ以外は控えるようにします。

〈問題2〉 4)

解説	弔電は訃報を知ったらできるだけ早く打ち、供物や供花は通夜に間に合うように手配します。上司に確認する必要はありません。

確認しよう！

2級レベル 〈問題1〉

次は、葬儀のしきたりについて述べたことである。中から<u>不適当</u>と思われるものを一つ選びなさい。

1) キリスト教式では、花を供えたら黙祷する。
2) 焼香は、右手の親指・人差し指・中指で抹香をつまむ。
3) 玉串奉奠（ほうてん）では、玉串の根元を祭壇に向けて玉串台に供える。
4) 焼香が済んだら、遺影に合掌して一礼し、遺族にも一礼して席に戻る。
5) 玉串奉奠では、玉串を供えたら音を立てずに一礼一拍手して再度一礼する。

2級レベル 〈問題2〉

秘書A子は、取引先から常務が逝去したと連絡を受けた。次は、その際、相手に確認したことである。中から<u>不適当</u>と思われるものを一つ選びなさい。

1) 通夜・葬儀・告別式の日時と場所
2) 喪主の氏名と住所
3) 逝去の日時と死因
4) 葬儀の形式
5) 故人と上司の間柄

解答と解説

〈問題1〉 5)

解説	音を立てずに二礼二拍手してから再度一礼するのが正式なやり方だが、二拍手一礼でもよいとされています。
アドバイス	宗教によって葬儀の形式やしきたりは異なります。それぞれの手順をしっかり覚えておきましょう。頭で理解するだけでなく、実際にやってみると間違えにくくなります。

〈問題2〉 5)

解説	故人と上司の間柄は、確認する必要のないことです。
アドバイス	1) 通夜・葬儀・告別式の日時と場所は、最も重要な事柄なので忘れずに確認します。 2) 喪主の氏名と住所は、弔電を打つときに必要になります。また、会社によって供物や供花を断るところもあるので、その点も確認しておくとよいでしょう。

14 弔事の業務とマナー（2）

頻出度 ★★★

合格のPoint 弔事に関する用語は意味を覚えるだけでなく、漢字でも正式に書けるようにしておくことが必要です。社葬や上司の家族の葬儀についても理解しておきましょう。

Lesson　上司の家族の葬儀で受付を担当します。香典は…

上司の家族の葬儀で受付を担当する秘書も香典を出し、会葬者芳名録に記帳します。

1 社葬の場合　重要度 >> ★

　社葬とは会社で地位の高い人や会社に貢献した人が亡くなったとき、**会社が行う**葬儀のことです。秘書は、通夜の控え室での**客の接遇**、告別式での**受付**などを担当します。受付では、参列者に住所・氏名を記帳してもらい、香典を受け取り、責任をもって管理します。

2 上司の代理で葬儀に参列する場合　重要度 >> ★★★

　受付では、「**このたびはご愁傷さまでした**」「**お悔やみ申し上げます**」などと言葉を添え、香典を相手に向けて**両手**で渡します。自分が代理であることや上司が参列できない理由は**述べません**。また、顔見知りがいても**目礼**のみにします。記帳簿には**上司の名前**を書き、下に小さく「**代**」と書きます。

154

3 上司の家族の葬儀の場合　重要度 >> ★★★

　上司の家族が亡くなったとき、秘書は葬儀・告別式の**受付**などを手伝います。葬儀の受付では、会葬者に「**会葬者芳名録**」に記帳してもらい、名刺を出されたら丁寧に受け取ります。秘書はあくまでも上司の**家族側**として参列者に対応しますが、秘書自身も**香典**を包み、記帳します。

4 弔事に関する用語　重要度 >> ★★

故人	亡くなった人
享年	亡くなった年齢
遺族	死者の家族や親族
通夜	葬儀の前に親しい間柄の人が故人のそばで一晩過ごし、別れを惜しむ儀式
告別式	一般の人が故人に別れを告げる儀式
葬儀	親しい間柄の人が故人に別れを告げる儀式
精進落とし	喪主と遺族が、葬儀・告別式の参列者をねぎらい、もてなす儀式。「精進明け」ともいう
弔問	お悔やみを述べるために遺族のもとを訪れること
会葬（者）	葬儀に参列する（人のこと）
密葬	身内だけで行う葬儀のこと。家族のみで行う「家族葬」もある
弔辞	葬儀のときに述べる故人へのお悔やみの言葉
香典	故人に供える金銭　＊告別式が終わるまでに渡すのがマナー
供物・供花	故人に供える品物や花
忌中	亡くなってから「四十九日」の法要までのこと
服喪	喪に服すこと。一定の期間、公的な交際を控えたり派手な振る舞いを慎む。喪に服している期間を「**喪中**」という
忌明け	服喪の期間が終わること
法要	死者の供養のために行う行事。死後7日目の「初七日」、死去した日を含めて49日後の「四十九日」、1年後の1周忌、2年後の3回忌（3周忌）などがある
布施	葬儀や法要のとき、僧侶などに渡す現金などのお礼のこと

第3章　マナー・接遇

確認しよう！

3級レベル 〈問題1〉

次は、弔事に関する用語とその意味の組み合わせである。中から不適当と思われるものを一つ選びなさい。
1) 弔辞　＝　葬儀のときに故人におくる言葉
2) 弔問　＝　遺族を訪問してお悔やみを述べること
3) 享年　＝　亡くなった年月日
4) 忌中　＝　亡くなってから「四十九日」の法要までのこと
5) 密葬　＝　身内など親しい人だけで行う葬儀

2級レベル 〈問題2〉

秘書A子は、上司の母親の葬儀の受付の手伝いをすることになった。次は、その際にA子が考えたことである。中から不適当と思われるものを一つ選びなさい。
1) 知り合いや親しい人に会っても、話はしないで目礼程度にする。
2) 受け取った香典は責任を持って管理し、担当者に確実に渡す。
3) 服装は黒のワンピースかスーツにし、靴やストッキングも黒にする。
4) 受付では、名刺を出されたら丁寧に受け取り、名刺を出した人にも会葬者芳名録に記入してもらう。
5) 自分は上司の家族側として手伝うのだから、香典は出さない。

解答と解説

〈問題1〉 3)

解説	「享年」とは、亡くなった時点での年齢のこと。この世に存在した年数を指し、「天から享けた年数」という意味があります。亡くなった年月日は、「命日」です。
問題の傾向	「慶事」と「弔事」では、「弔事」のほうがよく出題される傾向があります。問題は、弔事の用語と説明の組み合わせの適・不適を問うものや、用語を提示して説明を書かせるものが中心です。

〈問題2〉 5)

解説	こうした場合、秘書は上司の家族側として参列者に対応はするが、香典は出し、会葬者芳名録にも記入するべきです。
アドバイス	上司の家族の葬儀を手伝うことも秘書の仕事の一つです。その際の立場と役割をしっかりと認識しておきましょう。

第4章
職務知識

■本章で学ぶこと
秘書と上司の機能の違いについて、定型業務や非定型業務、効率的な仕事の進め方について学びます。

■押さえておきたいポイント
秘書と上司の機能の違いを理解しているかを問われます。非定型業務についての出題が多いのでしっかり理解しておきましょう。

■効果的な学習法
「技能」「マナー・接遇」を暗記し、秘書の仕事を理解した後に学習すると効果的です。

1 秘書の機能と役割

頻出度 ★★☆

合格のPoint　秘書は上司が経営管理に専念できるように補佐はしますが、基本的に上司の業務代行はできません。上司と秘書の機能・役割を区別して理解しましょう。

Lesson　上司の外出中に来客が訪れましたが…

NG：「代理で承ります」

OK：「上司は不在ですのでご用件を承ります」

秘書は上司の補佐ですが代理ではないので、代わりに応対するのは越権行為です。

1 上司と秘書の違い　重要度 >> ★★★

　上司と秘書は、それぞれの機能・役割に基づいて、個々の仕事を行っています。秘書は上司を**補佐**する機能をもち、上司の**雑務**や**身の回りの世話**などをする役割を担っています。

	上司	秘書
機能	ライン機能（意思決定、経営管理）	スタッフ機能（上司の補佐）
役割	企業の期待に応える （利潤追求、業績づくり）	上司の期待に応える （上司が仕事に専念できる環境づくり）
仕事	決裁業務、会議出席、部下への指示など	日程管理、来客接遇、電話応対など

2 秘書の位置づけ　重要度 >> ★

　秘書は、所属先や補佐の仕方によって次のように分けることができます。

●所属による分類
①秘書課秘書
　秘書課に所属する秘書。直属の上司は秘書課長ですが、仕事の指示は補佐するトップマネジメント（社長、副社長、専務など）から受けます。1人あるいは何人かの秘書が複数の上司を補佐することもあります。日本の企業に多いタイプです。
②個人つき秘書
　どこにも所属せず、1人の上司を専属で補佐する秘書。欧米の企業に多いタイプです。
③兼務秘書
　ミドルマネジメント（部長、課長など）である上司が統括する部門に所属する秘書。その部門内の仕事をしながら、上司の補佐もします。
④チームつき秘書
　プロジェクトチームや研究チームなどに所属する秘書。チームのスムーズな運営のためにチーム全体を補佐します。

●補佐のタイプによる分類
①直接補佐型秘書（参謀型秘書）
　高度な知識や経験をもつブレーンとして上司にアドバイスをしたり、意見を述べたりする秘書です。上司の代わりに面談するなど一定の範囲内で上司の仕事を代行することもあります。
②間接補佐型秘書（副官型秘書）
　上司を間接的に補佐する秘書で、上司の業務を代行することはできません。日本の企業における秘書の大半がこのタイプです。

3 秘書の仕事の取り組み方

重要度 >> ★

●上司に判断を仰ぐべきか見極める
　秘書は日常の業務を行ううえで、自分の判断で進めてよい事柄と、上司の指示を仰ぐ事柄を正確に区別することが重要です。事前に上司と相談して、やり方の決まっている日常業務は、そのつど上司に相談する必要はありません。予定外の業務については、必ず上司の判断、指示を求めます。上司が不在のときは、上司の代理の人か秘書課長に相談します。

●独断や感情を持ち込むのは禁物
　秘書の業務は、来客接遇、電話応対、書類作成の手伝い、上司のスケジュール管理など、雑務が大半です。だからといって仕事を軽く見たり、面倒な事柄を後回しにしたりするのは禁物です。また、自分勝手な判断や感情に左右されることもあってはなりません。

確認しよう！

3級レベル 〈問題1〉

次は、秘書A子が先輩秘書から秘書の役割として教えられたことである。中から<u>不適当</u>と思われるものを一つ選びなさい。
1) 上司の指示に従って仕事をする。
2) 秘書はラインとして上司のもとで働く。
3) 上司が仕事に専念できる環境づくりに努める。
4) 上司の期待に応えられるよう、補佐する。
5) 上司の雑務や身の回りの世話などをする。

3級レベル 〈問題2〉

次は、秘書A子が日ごろ行っていることである。中から<u>不適当</u>と思われるものを一つ選びなさい。
1) 上司の不在中、他部署の部長が上司から借りた資料を返しに来たので、受け取って書庫に戻し、その旨を書いたメモを置いておいた。
2) 上司の出張中、取引先の部長から「この書類を渡してもらいたい」と言われたので、ほかに伝言はないかを尋ねた。
3) 上司が行き先を言わずに離席したが、行き先は聞かず、帰社予定時刻を確認した。
4) スケジュールが重なったので、どのように調整するかを上司に尋ねた。
5) 外出中の上司から「帰社時間が予定より遅くなる」と電話があったので、遅くなる理由を尋ねた。

解答と解説

〈問題1〉 2)

解説	秘書は、「ライン」である上司を補佐する「スタッフ」です。上司と秘書の役割・機能の違いを押さえておくこと。 ・上司―意思決定や経営管理を通じて、企業の期待に応える。 ・秘書―日程管理、来客接遇、電話応対などの補佐業務を通じて、上司の期待に応える。

〈問題2〉 5)

解説	上司の帰社時間が予定より遅くなる場合、その理由を秘書が知る必要はありません。このような場合は、それまでに入っている予定があれば、どのように変更するのかを上司に確認します。
アドバイス	秘書が自分の判断で進めてよいことと、上司の指示を仰ぐべきことを正確に区別することが重要です。予定外の業務については、必ず上司に判断や指示を求め、上司が不在のときは、上司の代理の人か秘書課長に相談するのが原則です。

確認しよう！

2級レベル 〈問題1〉

次は、秘書A子が日常業務において心がけていることである。中から不適当と思われるものを一つ選びなさい。
1) 上司から任された仕事は、自分の判断で行っている。
2) 仕事に支障が出ないよう、上司の健康管理に気をつけている。
3) 常に「上司ならこうするだろう」と先を読んで、できるだけ指示をもらわないようにしている。
4) 上司が仕事に専念できるように、雑務や上司の身の回りの世話をしている。
5) 事前に上司とやり方を決めた日常的な仕事は、そのつど指示を仰がないようにしている。

2級レベル 〈問題2〉

次は、秘書のタイプと説明の組み合わせである。中から不適当と思われるものを一つ選びなさい。
1) 兼務秘書 ― 複数の上司につく秘書
2) 直接補佐型秘書 ― 上司の仕事を代行することもある秘書
3) 秘書課秘書 ― 秘書課に所属し、トップマネジメントにつく秘書
4) 間接補佐型秘書 ― 上司の仕事には直接関わらないで補佐する秘書
5) 個人つき秘書 ― 1人の上司を専属で補佐する秘書

解答と解説

〈問題1〉 3)

解説	秘書が自分自身の推測や思い込みで勝手に仕事を進めてはいけません。基本はあくまでも「上司の指示に従うこと」です。
アドバイス	選択肢にはありませんが、「代理」「上司の代わりに」という言葉が出てきたら、ほとんどの場合、不適当です。秘書はあくまでも補佐役であり、上司の代理をすることはできません。
問題の傾向	上司と秘書の役割・機能の違いを理解しているかどうかが問われます。選択肢の文章をよく読んで、秘書の役割の範囲内かどうかを判断して選びましょう。

〈問題2〉 1)

解説	「兼務秘書」は、ミドルマネジメントである上司が統括する部門に所属し、そこでの仕事をしながら、上司の補佐もする秘書です。複数の上司につくことがあるのは「秘書課秘書」。

2 仕事に対する心構え

頻出度 ★★★

合格のPoint 秘書は自分の職務をわきまえ、上司のサポート役に徹することが重要です。仕事をするうえでの心構えもしっかり学んでおきましょう。

Lesson 急ぎの書類処理を依頼されました。上司は休暇中…

NG：急ぎの書類なんだ／間に合わないなら私が押印します
OK：急ぎの書類なんだ／申し訳ございません

上司が本来の業務ができない場合でも、秘書は上司の代理はできません。おわびで対応します。

1 秘書の越権行為　重要度 >> ★★★

秘書の職務範囲を超えた次のような行為は**越権行為**となります。上司が不在のときなどは特に、自分の職務範囲をわきまえて行動することが必要です。

- 上司に代わって決裁業務をする。
- 上司に代わって決裁書類、稟議書などに印を押す。
- 経営管理に関する業務に口出しをする。
- 上司に指示や命令めいたことを言う。
- 独断でスケジュールを変更する。
- 上司の部下に指示を出す。
- 上司に代わって面会をしたり、無断で面会予約を受ける。
- 上司の代理で会議に出席する。
- 贈答品などを秘書の名前で贈る。

越権行為

2 上司に進言する　重要度 >> ★★

　基本的に、秘書が上司に進言（目上の人に意見を言うこと）することはありません。ただし、以下のような、仕事に差し障ると思われる場合は認められます。

■上司の健康管理、身だしなみ、食事について（上司の意向を伺う言い方で）
　× 「もう時間ですから、お食事を用意いたします」
　○ 「そろそろお食事の用意をいたしましょうか」
■仕事に悪影響を及ぼしそうな上司のミスについて
　（言葉づかいに注意し、伺いを立てる言い方で）
　× 「この箇所が間違っていますが」
　○ 「この箇所が適切ではないと思われるのですが、いかがでしょうか」
■ほかの社員の人物評価について
　（「私の知る限りでは」と一言添え、事実やよい点を中心に述べる）
　× 「リーダーシップはありますが、部下からの信頼に欠けるようです」
　○ 「私の知る限りでは、研究熱心な方だと思います」

3 上司を理解する　重要度 >> ★★★

　的確なサポートをするためには、上司を理解することが大切です。ただし、上司の行動を細かく知ろうとしたり、プライバシーに深く立ち入ってはいけません。知っておくべきことは次のようなことです。
- 仕事内容、職務権限
- 社外活動（所属団体など）、人脈
- 住所、利用交通機関、最寄り駅、家族構成
- 性格、趣味、信条、嗜好、健康状態

4 上司と信頼関係を築く　重要度 >> ★★★

　上司と秘書がお互いに尊敬し合い、信頼し合っていなければ仕事をスムーズに進めることはできません。秘書はそのために以下の点に注意します。
- 職務上、知った秘密は決して口外しない
- 上司のプライバシーを他人に話さない
- 上司の仕事や行動に必要以上に口出しをしない
- 上司の能力や人柄を他人と比べて評価しない

確認しよう！

3級レベル 〈問題1〉

次は、上司を理解するために秘書が知っておいたほうがよいことである。中から<u>不適当</u>と思われるものを一つ選びなさい。
1) 趣味
2) 休日の過ごし方
3) 家族構成
4) 社外で所属している団体
5) 人脈

3級レベル 〈問題2〉

次は、昼食時間になっても食事をとろうとしない上司に秘書A子がかけた言葉である。中から適当と思われるものを一つ選びなさい。
1)「今日は昼食は召し上がらないということでよろしいのですね」
2)「昼食時間ですが、どうしてお食事をされないのですか」
3)「お食事の準備が整いましたので、早く召し上がってください」
4)「もうお昼ですので、お食事を用意いたしましょうか」
5)「健康のために昼食は必ずおとりになってください」

解答と解説

〈問題1〉 2)

解説	上司を理解するためには上司の個人的なこともある程度は知っておくべきですが、休日の過ごし方は仕事と関係のないことなので知る必要はありません。上司の行動を細かく知ろうとしたり、プライバシーに深く立ち入るのは越権行為（職務の範囲を超えた行為）になります。

〈問題2〉 4)

解説	上司に進言する（目上の人に意見を言う）ときは、「～いたしましょうか」などのように、意向を伺う言い方にします。1) のように勝手に決めつけたり、3)・5) のように「～してください」という命令口調の言い方は不適当。また、食事をとるかどうかは上司が決めることなので、2) のように秘書が理由を尋ねるのも不適当です。
アドバイス	基本的に、秘書が上司に進言することはなく、認められるのは以下のような事柄に対してのみです。いずれの場合も言葉づかいに気をつけ、上司の意向を伺う言い方にします。 ・仕事に支障が出ると思われる上司の健康管理。 ・身だしなみ、食事について。 ・仕事に悪影響を及ぼしそうな上司のミスについて。

確認しよう！

2級レベル 〈問題1〉

次は、秘書の越権行為に当たる行為である。中から<u>不適当</u>と思われるものを一つ選びなさい。

1) 上司の部下に指示や命令をする。
2) 上司の健康を気づかい、かかりつけの病院を把握しておく。
3) 外出中の上司に代わり、急ぎの決裁書類に印を押す。
4) 会議中の上司の代わりに来客の話を聞く。
5) 上司の了承を得ないで予定を変更する。

2級レベル 〈問題2〉

次は、秘書A子が上司を補佐するうえで行っていることである。中から<u>不適当</u>と思われるものを一つ選びなさい。

1) 上司がスケジュールを忘れないように、当日の朝、再度確認してもらう。
2) 上司から社員についての評価を求められたときは、悪口にならないように注意する。
3) 上司が服用している薬や主治医の連絡先を控えておく。
4) 上司が作成した書類に間違いがあったときは、指摘して修正してもらう。
5) 上司から印鑑を預かっていても、書類に押すときは上司の了承を得ている。

解答と解説

〈問題1〉 2)

解説	上司が体調を崩せば仕事に支障が出るため、上司の健康管理も秘書の仕事に入ります。2) 以外はすべて秘書の越権行為。
アドバイス	ほかにも次のような行為は越権行為に当たります。 ・上司がやるべき決裁業務　・上司の仕事内容への口出し ・上司への指示や命令　・上司が出るべき会議への出席 ・秘書の名前で贈答品などを贈る
問題の傾向	秘書のどのような行為が越権行為になるのかが問われます。基本的に、上司の代理で行う行為は越権行為になることを理解しておきましょう。

〈問題2〉 4)

解説	上司が作成した書類にミスがあったときは、「この箇所が適切ではないと思われるのですが、いかがでしょうか」などと伺いを立てる言い方で確認し、秘書が間違いを訂正します。また、2) のように上司に人物評価を求められたときは、「私の知る限りでは」と前置きし、事実やよい点を中心に述べます。

第4章 職務知識

3 定型業務・非定型業務

頻出度 ★★★

合格のPoint　秘書の業務は、日常的に行う「定型業務」と、突発的に起こる「非定型業務」に分かれます。それぞれの内容と対処の仕方をしっかり把握しましょう。

Lesson　お約束のあるお客様がおみえになりました。

NG　取り次いでよろしいでしょうか？

OK　お客様がおみえになりました

面会予約の取り次ぎのような「定型業務」は、上司の指示を待たずに秘書の判断で進めます。

1 定型業務　重要度 >> ★★★

定型業務は、事前に上司と相談して決めた方針に沿って、日常的に行う業務です。基本的には秘書が自分の**判断**で進めて構いません。

●主な定型業務

1	経理に関する事務（P.30~31、34~35参照）	6	出張に関する業務（P.95参照）
		7	環境整備（P.98~99参照）
2	会議・会合に関する業務（P.42~43、46~47参照）	8	電話応対（P.130~131参照）
		9	来客応対（P.134~136参照）
3	文書に関する業務（P.50~51、54~55、58~59、70~71参照）	10	慶事に関する業務（P.146~147参照）
		11	弔事に関する業務（P.150~151、154~155参照）
4	情報管理（P.90~91参照）		
5	スケジュール管理（P.94~95参照）	12	上司の身の回りの世話（P.158~159参照）

166

2 非定型業務

重要度 >> ★★★

不意の来客や緊急の仕事、事故など**不測の事態**に対処するのが**非定型**業務です。その際は必ず上司に**指示**や**判断**を仰いで、慌てず迅速に対処することが必要です。

●非定型業務と対処の仕方

予定のない来客	・上司の在・不在は言わず、用件を確認 ・面会するかどうかは上司に確認してから来客に返事 ・必要に応じて、上司が会えない場合は代理を立てる
上司の急な出張	・上司の指示に従い、予定していた相手や関係者にスケジュールの変更依頼 ・上司のスケジュール調整　・出張中、誰が上司の業務を代行するかを確認
上司の急病	・主治医への連絡 　＊日ごろから主治医の連絡先、上司の健康保険者証番号などは控えておく ・自宅、社内の関係部署へ連絡　・必要に応じ応急手当　・スケジュール調整
上司の交通事故	・自宅、社内の関係部署への連絡　・大事故なら会社の顧問弁護士に連絡 ・出社時間が遅れた場合や上司が不在期間のスケジュール調整
上司が不在中の訃報	・上司に連絡をとり、指示を仰ぐ ・連絡がとれない場合は、総務課長と秘書課長に連絡 ・弔事事項（P.150参照）を確認　・社内の関係者に連絡
他部署の上司から仕事を頼まれた場合	・上司の許可を得たうえで、可能であれば引き受ける
マスコミの取材依頼への対応	・取材内容、日時などを確認　・意見や情報を求められても回答は避ける ・上司に報告し、確認したうえで返事をする
災害	・来客を優先して避難誘導　・人命救助　・重要品の持ち出し 　＊日ごろからの訓練、対策のマニュアル化が重要
盗難	・上司や秘書課長に連絡　・被害の確認　・警察への通報
不法侵入	・状況に応じて警備員や総務課、警察などに連絡 　＊日ごろから対処法のマニュアル化が重要

3 その他業務上の注意点

重要度 >> ★★

●上司の指示がなくても以下の業務は秘書が判断して進める
①住所録、名簿、名刺の変更や訂正　②贈答などに対するお礼状の作成
③上司の仕事に必要と思われる情報の収集

●Eメールの適切な活用法を理解する
①Eメールで向いているもの…社内会議の案内や出欠確認、急いで多人数に送りたい情報など
②Eメールで不向きなもの…取引先へのお礼やおわびなど儀礼を重んじる事柄、面識のない人とのやりとりなど

●必要に応じて、新人秘書や後輩秘書の指導、育成を行う

●退社時は必ず上司にあいさつする
①上司がまだ仕事中であるときや、秘書への指示がないときは、「何か用はございませんでしょうか」と聞き、「ないようでしたらお先に失礼いたします」と言って退社する。
②上司が外出中の退社は、退社時間と名前、「お先に失礼いたします」と書いたメモを残す。

第4章 職務知識

確認しよう！

3級レベル 〈問題1〉

次は、非定型業務について述べたものである。中から不適当と思われるものを一つ選びなさい。

1) 上司が急病になったときのスケジュール調整
2) 仕事中の上司が来るまでの訪問客への応対
3) 災害時の来客の避難誘導
4) 上司が不在中の訃報への対応
5) マスコミの取材依頼への対応

3級レベル 〈問題2〉

次は、秘書A子が突然の来客の際にとった行動である。中から不適当と思われるものを一つ選びなさい。

1) 名刺をもらい、用件は何かを尋ねた。
2) 上司は在席しているので、面会できると思うと答えた。
3) 面会するかどうかを上司に聞いてから来客に返事をした。
4) 重要な取引先だが、上司が会えないので代理を立てた。
5) 用件が転任のあいさつだったので、上司に取り次いだ。

解答と解説

〈問題1〉 2)

解説	上司が来るまでの訪問客の接遇は、秘書の定型業務。上司が来るまで待ってもらうように告げ、状況に応じて応接室に案内し、お茶などを出します。
問題の傾向	定型業務の中で、上司の出張に関する問題がよく出題されます。出張前・出張中・出張後の秘書がやるべき業務（P.95参照）を覚えておきましょう。

〈問題2〉 2)

解説	アポイントメントのない来客の場合、面会するかどうかは上司が判断します。面会しないことも考えられるので、上司の在・不在は相手に告げるべきではありません。5) のように用件が転任のあいさつなどの場合は、通常短時間で済むので、基本的には上司に取り次ぐようにします。

確認しよう！

2級レベル〈問題1〉

次は、秘書A子が非定型業務として先輩秘書から教わったことである。中から不適当と思われるものを一つ選びなさい。

1) 上司が出張中に取引先の訃報が届いたときは、上司に連絡して指示を仰ぐこと。
2) 他部署から仕事の手伝いを頼まれたときは、上司の許可を得てから引き受けること。
3) 災害時には、来客を優先して避難させること。
4) 上司に急な出張が入ったときは、すぐに相手先に連絡して予定を断ること。
5) 上司が急病で会社を休むことになったときは、関係部署に連絡をすること。

2級レベル〈問題2〉

流通業界紙の記者から、新製品に関する取材の申し込みがあった。次は、その際に秘書A子が記者に確認したことである。中から不適当と思われるものを一つ選びなさい。

1) 掲載紙の発行日
2) 取材希望日と所要時間
3) 開発担当者が同席したほうがよいか
4) 取材のテーマ
5) 写真は掲載するか

解答と解説

〈問題1〉 4）

解説	急な出張など突発的な事態が起きても、秘書が自分の判断で予定を断ってはいけません。すぐに相手におわびの電話を入れ、相手の都合を優先したうえで上司の意向を聞いて、スケジュールを調整することが必要です。
問題の傾向	予定外の来客への対応、上司が不在中の対応に関してよく出題されます。さまざまなシーンを想定して、適切な対処法を理解しておきましょう。

〈問題2〉 3）

解説	開発担当者が同席すべきかは上司が判断すること。取材者側に聞くことではありません。
アドバイス	マスコミの取材依頼への対応において、秘書が確認しておくことは何かを押さえておきましょう。基本的な確認事項は、①取材のテーマ、②取材希望日時と所要時間、③写真掲載の有無・掲載誌の発売日、などで、それらを上司に報告し、取材を受けるかどうかの判断を仰ぎます。

4 効率的な仕事の進め方

頻出度 ★★☆

合格のPoint　仕事は重要度や緊急度の高いものから進め、期限を守るのが原則です。効率的に仕事を進めるポイントや方法を覚えておきましょう。

Lesson　今日提出の書類作成中、上司から会議室の予約依頼が…

NG　急ぎの資料を作っていますので別の人に頼んでください

OK　すぐ予約します

今日中に仕上げる資料作成にはさほど影響しないような、あまり時間がかからない仕事は、別の人に頼まず自分で行います。

1　仕事の効率を上げるポイント　重要度 >> ★★

　秘書の仕事は多岐にわたり、ときには複数の仕事を同時に進めなければならないこともあります。そうした際にも、以下の点を考慮すると効率よく処理できます。

●**優先順位を決める**

　優先順位は**重要度**、**緊急度**を判断して決めます。上司から「いますぐ〜してほしい」と言われた場合は、基本的にはほかの仕事中でもすぐに従わなければなりません。自分で判断がつかないときは、必ず**上司**に**確認**しましょう。

●**期限を確認する**

　いつまでに終えなければいけない仕事かを必ず上司に確認し、ほかの仕事との**時間配分**や**ペース**を考えて、計画的に進めます。また、「急がないから」と言われてもおおよその期限は聞くようにします。

● 作業時間を把握する
　日ごろから各業務の**所要時間**を把握しておき、それを目安に作業にかかる時間を見積もります。
● 仕事のスケジュールは前倒しにする
　仕事の期限まで時間があっても、できることは早めに済ませておきましょう。余裕をもって作業をすることで**ミス**を防げると同時に、余った時間をほかの仕事に活用することができます。
● 空いた時間を有効活用する
　上司が長期出張などで留守になり、時間に余裕ができたら、**名刺・住所録・名簿**の整理、新聞などの**スクラップ・資料**の作成や整理といった普段なかなか取り組めない仕事をする時間に充てましょう。

2 仕事の標準化・単純化　重要度 ★★

　仕事の効率を上げるために、以下のような方法を上手に活用しましょう。

● 仕事の標準化
　定型業務の内容は毎日ほぼ同じです。手順ややり方を一定の形式にまとめておけば効率よく進めることができます。これを仕事の「**標準化**」といいます。

> ＜具体例＞
> ● 文書のフォーム化
> 　よく使う文書は、基本の**形式**を作成して保存しておきます。必要に応じて、それを修正すればよいので作業時間が短縮できます。
> ● チェックリストの作成
> 　毎日必ず行う業務を箇条書きにして**リスト**にします。終わったものを**チェック**していけば、仕事の漏れを防ぐことができます。
>
> ■チェックリスト例（**出社時**にする業務の場合）
> ・上司の今日の予定と仕事内容を確認する　・部屋、上司の机、応接室の掃除・整理をする
> ・パソコン、コピー機などのスイッチを入れる　・エアコン、照明のスイッチを入れて調節する
> ・郵便物、Ｅメールの確認をする　など
>
> ● 仕事のマニュアル化
> 　上司の出張などに関する一連の業務は、以下のように**マニュアル化**しておきます。
> 　　スケジュールを確認する → 宿泊先を手配する → 切符を手配する →
> 　　必要な書類を準備する → 仮払いをする　など

● 仕事の簡素化
　従来の仕事のやり方に固執せず、常に「もっと**簡素**、**簡潔**な方法はないか」と考える習慣をつけましょう。集計やグラフ作成など、コンピュータを使ったほうが効率よくできる仕事はいくつもあるはずです。

第4章　職務知識

確認しよう！

3級レベル 〈問題1〉

秘書A子は上司から「明日午前中の会議で使う資料を今日中に作成してもらいたい」と言われたが、ほかにも急ぎの仕事があり、今日中に終わらないかもしれない。次は、その際に秘書A子が上司に尋ねたことである。中から<u>不適当</u>と思われるものを一つ選びなさい。

1) 残業して仕上げてもよいか。
2) いま取りかかっているほかの仕事とどちらを優先すべきか。
3) 早朝出勤して仕上げてもよいか。
4) 秘書課内の手の空いている人に手伝ってもらってもよいか。
5) 間に合わないかもしれないが、どうすればよいか。

2級レベル 〈問題2〉

次は、秘書A子が効率的に仕事を進めるコツとして先輩秘書から教わったことである。中から不適当と思われるものを一つ選びなさい。

1) 日常的に繰り返し使う文書はフォーマットを作っておく。
2) チェックリストを作り、出社直後や退社前に漏れがないかチェックする。
3) 上司の出張中は、普段取りかかれない名刺整理やスクラップなどの時間にあてる。
4) 急な出張の場合の出張業務はマニュアル化せず、臨機応変に対応する。
5) できるだけ単純で時間短縮につながる仕事のやり方を工夫する。

解答と解説

〈問題1〉 5)

解説	時間内に間に合わないと判断したときは、上司に相談して指示を仰ぐが、「どうすればよいか」を尋ねるのではなく、具体的な方法を提案して上司に許可を求めるようにします。
アドバイス	複数の仕事を効率よく進める主なポイントは以下のとおりです。 ・優先順位を決める（自分で判断できないときは上司に確認する） ・期限を確認する（ほかの仕事との時間配分やペースを考える） ・作業時間を把握する（日ごろから各業務の所要時間を把握しておく）
問題の傾向	仕事が重なったときや、優先順位に迷ったときの対処の仕方がよく問われます。効率的な仕事の仕方を理解しておくことが大切です。

〈問題2〉 4)

解説	急な出張でも予定内の出張でも、秘書が行うことは同じです。「スケジュール確認→宿泊先手配 → 切符手配 → 必要な書類などの準備 → 仮払い」といった一連の業務をマニュアル化しておくと効率的に仕事が進められます。

第5章
必要とされる資質

■本章で学ぶこと
秘書としての考え方や、判断力・洞察力・行動力など、求められる能力について学びます。

■押さえておきたいポイント
上司が本来の業務に専念できるように、上司の補佐をすることが秘書の役目。この点をしっかり押さえましょう。

■効果的な学習法
第1章～3章までを暗記した後に、第4章と第5章を同時に学習すると効果的です。問われていることが理解しやすくなります。

秘書に求められる人物像

頻出度 ★★☆

合格のPoint　秘書の印象はそのまま会社や上司の印象になります。秘書としての自覚をもち、機能的で好感のもたれる身だしなみを心がけましょう。

Lesson　**仕事で履く靴はどちらが最適かしら？**

NG：動きやすいように

OK：ヒールのない靴はカジュアルな雰囲気になってしまうので

　ヒールのない靴はカジュアルなので、きちんとした改まった印象を与えません。高すぎるヒールもよくないので、中ヒール（5cm程度）を履くようにしましょう。

1 望ましい身だしなみ　重要度 >> ★★

　秘書にふさわしい身だしなみの基本は、**清潔感**があって、**機能的**であり、企業や職場の雰囲気と調和したものであることです。

（イラスト：ナチュラルメーク／スーツ、ジャケット／中ヒール）

- **服装**：スーツ、ジャケットにスカートやパンツなど。自分に似合ったセンスのよい上品な装いを心がけましょう。
- **靴**：ハイヒールやヒールのない靴は避け、動きやすい**中ヒール**（5cm程度）のパンプスにします。見落としがちのヒール部分や側面の汚れに気をつけましょう。
- **化粧、アクセサリー**：**ナチュラル**メークにします。ノーメークはいけません。派手な色の口紅やマニキュア、華美なアクセサリーも避けましょう。
- **髪型**：すっきりした印象のスタイルにします。**ロングヘアー**はまとめ、前髪や横の髪が顔を覆わないように気をつけます。

2 求められる人柄　重要度 >> ★★

秘書は、上司を補佐するだけでなく、上司と社内外の人を結ぶ"パイプ役"でもあります。その役割を果たすためには、誰からも信頼され、好印象をもたれる人柄であることが求められます。

- 謙虚で素直
- 明るくて快活
- 機転が利き、行動が機敏
- 誠実で責任感がある
- 協調性がある
- 誰にでも公平
- 気配りができ、思いやりがある
- 情緒が安定
- ユーモアがあり、ウイット（機知）に富んでいる

3 上司に信頼される「秘書」になるには　重要度 >> ★★★

秘書が上司から信頼を得るためには、次のような要素が特に重要です。

●機密を守る

機密事項とは決して外部に漏らしてはならない重要な事柄をいいます。企業における機密事項は、人事や組織体制の変更・新製品・企画開発・株に関する情報、上司の行動（来客、出張などのスケジュール）・プライバシー・健康状態・家族に関する情報などです。秘書は機密事項を知る機会が多いので、取り扱いや対応には細心の注意を払いましょう。ただし、機密を守るためとはいえ、社内の集まりに参加しないなど、人間関係を狭めるようなことは必要ありません。

> ＜機密事項取扱上の注意点＞
> ①質問を受けたときはあいまいな受け答えはせず、自分は知る立場にないことをはっきりと言う。
> 　例：「申し訳ございませんが、私は知る立場におりません」
> ②家族や友人との間でも話題にしない。
> ③保管から破棄まで責任をもって取り扱う。
> ④話してもよいことと悪いことを判断する。
> 　例：取引先「○○部長の奥様が入院されたと伺いましたが」
> 　　　秘書✕「はい、□□病院の内科に心臓病で入院されたそうです」
> 　　　　　○「はい、そのように聞いております」

●指示を正確に受ける

秘書の仕事の大半は上司からの指示によるものです。指示を正確に受けるには以下の点に注意しましょう。
①必ずメモをとり、内容を最後まで聞く。
②不明点や疑問点があれば、後でまとめて聞く。
③最後に復唱して、間違いや漏れがないかを確認する。

第5章　必要とされる資質

確認しよう！

3級レベル 〈問題1〉

次は、秘書A子が先輩秘書から教えられた身だしなみについての注意事項である。中から不適当と思われるものを一つ選びなさい。

1) ノーメークはいけない。
2) 服装はスーツのほか、ジャケットとスカート・パンツでも構わない。
3) ロングヘアーの場合、仕事中は一つにまとめる。
4) 靴は動きやすいようにローファーにする。
5) 派手な色の口紅やアイシャドーは避ける。

3級レベル 〈問題2〉

次のうち、企業の機密事項にあたらないものはどれか。中から適当と思われるものを一つ選びなさい。

1) 上司の出張先
2) 発表済みの新製品の名前
3) 次年度に予定されている人事異動の内容
4) 上司の健康診断の結果
5) 新製品の宣伝活動計画

解答と解説

〈問題1〉 4)

解説	ローファーは普段使いに向いたカジュアルな靴なので、秘書の履く靴としてはふさわしくありません。中ヒール（5cm程度）のパンプスが適当。
アドバイス	秘書に望ましい身だしなみのポイントは、①清潔感があること、②機能的であること、③周囲と調和していること、の3つです。

〈問題2〉 2)

解説	新製品に関する情報は機密事項にあたるが、すでに発表されているので機密ではありません。「新製品」という言葉に惑わされず、選択肢をよく読んで選ぶこと。
アドバイス	企業における主な機密事項は以下のようなものです。 ・人事や組織体制の変更 ・未発表の新製品に関する情報 ・企画開発の内容 ・株に関する情報 ・上司の行動やプライバシー

確認しよう！

2級レベル 〈問題1〉

次は、秘書の身だしなみについて述べたものである。中から不適当と思われるものを一つ選びなさい。

1) アクセサリーをつけるなら仕事のじゃまにならないシンプルなものにする。
2) 化粧はナチュラルメークを心がける。
3) 個性を表現するために、できるだけ人と違った服装にする。
4) お辞儀をしたとき、顔に髪がかぶさらないような髪型にする。
5) 夏でもカジュアルすぎる服装は避ける。

2級レベル 〈問題2〉

秘書A子は、取引先の部長から「今度、新しい製品が発売されるとうわさで聞いたが、本当か」と尋ねられた。次は、その際の受け答えである。中から適当と思われるものを一つ選びなさい。

1)「申し訳ございませんが、私は知る立場におりません」
2)「申し訳ございませんが、その件については話さないように上司から言われております」
3)「申し訳ございませんが、私ではなく上の者にお聞きになってください」
4)「来月になれば、お答えできると思いますのでもう少しお待ちください」
5)「そのうわさはどこからお聞きになったのでしょうか」

解答と解説

〈問題1〉 3)

解説	秘書はあくまでも上司の補佐役なので、個性を表現する必要はありません。むしろ、会社や職場の雰囲気と調和していることが望ましい服装です。

〈問題2〉 1)

解説	機密事項について聞かれたときは、あいまいな受け答えはせず、自分は知る立場にないことをはっきりと言うことが大切です。
アドバイス	機密事項の取り扱いについては、以下の点がポイントになります。 ・家族や友人との間でも仕事の話は控える。 ・保管から破棄まで慎重に取り扱う。 ・話してよいことと悪いことを判断し、臨機応変に対応する。 ・機密を守るために人間関係を狭める必要はない。

2 秘書の心構え

頻出度 ★★☆

合格の Point　秘書は上司の「補佐役」であり、上司や周囲の人から信頼される存在でなければなりません。ミスをしたときの対応には特に注意が必要です。

Lesson ▶ 秘書としての自己管理とは？

NG：プライベートは自由に過ごしたいわ♪

OK：健康管理も仕事のうち

　秘書は外部との接触が多いので、疲れた顔や眠そうな顔で仕事をしていると会社や上司のイメージが損なわれます。規則正しい生活で健康管理を心がけましょう。

1 自己管理と自己啓発　　重要度 ≫ ★★

●自己管理

　遅刻や体調不良などによる欠勤が多くては、信頼できる秘書とはいえません。日ごろから以下の点において自己管理を心がけましょう。

- **健康**：睡眠や食事に気を配り、規則正しい生活をします。
- **時間**：時間厳守は当然のこと、時間の有効活用、作業効率アップを目指します。
- **金銭**：多額の現金や小切手などの管理には特に注意します。
- **感情**：ストレスをうまく発散し、苦情や注意、アクシデントにも冷静に対応できる精神状態を保ちます。

●自己啓発

　常に向上心をもって仕事に取り組みます。自分の仕事をマスターしたら関連資格を取得するなど、一段高いレベルの目標にチャレンジしてみましょう。

2 「補佐役」としての秘書　重要度 >> ★★★

上司を補佐する役目を担う秘書には、以下のような心構えが必要です。
- 裏方に徹する：上司あっての秘書であることを十分にわきまえ、目立った言動は慎みます。また、個人的な雑務も、上司が業務に専念できるように、効率よく処理し補佐します。
- 上司の指示を正確かつ確実に実行する：基本的には必ず上司の指示に従い、自己判断は禁物です。
- 上司を理解する：仕事の仕方や性格などを踏まえたうえで、意向や言葉の真意をつかみます。考え方にズレのあるときは、早い段階で上司と話し合って補佐の仕方を改善します。
- 先を読んで行動する：例えば、指示がなくても、業務に関わる情報や上司が必要としそうな情報は収集しておきます。

3 ミスをしたときの対応　重要度 >> ★★

自分や上司のミスに対して、秘書は次のように対処しなければなりません。

●自分がミスをしたとき

1. 申し訳ございません
2. ○○をしてその後○○○○／はい
3. ミスの原因は○○○○

- 自分に責任がなくても、すぐに謝罪し、必要であれば時機をみて事実を告げる
- 言い訳をせず素直にわびて、上司に指示を仰ぐ
- 同じミスを二度としないように対策を立てる

●上司がミスをしたとき
① 人名や会社名などの誤字・脱字など、確認するまでもないミスは自分で処理する。
② 上司を批判するような言い方はしない。
③ 自分に非があるような言い方で、上司に確認するように尋ねる。
　× 「確かにそうおっしゃいましたが、お忘れになったのですか」
　○ 「私の記憶違いのようですので、確認させていただけますか」

確認しよう！

3級レベル 〈問題1〉

次は、秘書A子のミスをしたときの対応の仕方である。中から適当と思われるものを一つ選びなさい。

1) 上司が怒っていたので、怒りが収まるまでしばらく待ち、その後、謝罪した。
2) ミスをしたのは上司の指示が不明確だったこともあるため、次回からはもっとはっきり指示をしてくれるように頼んだ。
3) ささいなミスだったので上司も大目に見てくれるだろうと思い、何もせずそのままにしておいた。
4) 上司にすぐに謝罪し、なぜ自分がミスをしたのか理解してもらえるように、詳しく説明した。
5) 言い訳をせず素直に謝罪し、どのような対処をすればいいか、上司に指示を仰いだ。

3級レベル 〈問題2〉

次は、秘書A子が先輩秘書から秘書の心構えとして教えられたことである。中から不適当と思われるものを一つ選びなさい。

1) 上司が作成した書類にミスと思われる箇所があったときは、自分の判断で修正する。
2) 上司の補佐役であることをわきまえ、身の回りの世話も進んで行う。
3) 指示がなくても仕事に関わる情報は収集するなど、先を読んで行動することもときには必要である。
4) 上司の性格や人物像について尋ねられたときは、よい面だけを話す。
5) 食事や睡眠に気を配り規則正しい生活をするなど、自己管理に努める。

解答と解説

〈問題1〉 5)

解説	どのような場合であっても自分がミスをしたときは、まず「申し訳ございませんでした。以後、十分に注意します」などと謝罪することが必要です。ミスをした原因を他人のせいにしたり、小さなミスだから大丈夫だと考えるのは問題外です。

〈問題2〉 1)

解説	上司が作成した書類に間違いと思われる箇所を見つけても、自分で勝手に修正してはいけません。必ず上司に確認すること。その際は、「ここが間違っています」ではなく、「確認させていただけますか」のように伺いをたてる言い方にします。ただし、明らかな社名・人名の間違いや計算ミスは、秘書の判断で処理するのが原則です。

確認しよう！

2級レベル 〈問題1〉

次は、秘書A子が新任上司をスムーズに補佐するために心がけていることである。中から<u>不適当</u>と思われるものを一つ選びなさい。

1) 打ち合わせのときなどに上司の好む仕事のやり方を聞き出し、それに合わせるようにする。
2) 上司の趣味や嗜好品を把握し、人柄や性格を理解するように努める。
3) 上司の指示に従うのが絶対なので、言われたこと以外の仕事は勝手にしないようにする。
4) 折を見て、仕事の仕方はこれでよいかを確認し、不十分な点があればすぐに改善する。
5) 上司が仕事に専念できるように、プライベートな雑務も進んで引き受けている。

2級レベル 〈問題2〉

秘書A子は、「きみの作成した資料にミスがあり、取引先に指摘された」と上司に叱られた。次は、その際に秘書A子が行ったことである。中から<u>不適当</u>と思われるものを一つ選びなさい。

1) すぐに謝り、「今後同じミスをしないように注意いたします」と言う。
2) 上司に、どのようにすればミスをなくせるのか教えてほしいと指導を頼む。
3) なぜミスをしたのか、自分で考えてみる。
4) 同じミスを繰り返さないよう、反省点をメモしておく。
5) まずは謝り、どうするべきか上司に指示を仰ぐ。

解答と解説

〈問題1〉 3)

解説	「補佐役」である秘書は、上司の指示に従って仕事を進めるのが基本ですが、何から何まで指示がないと動けないようでは失格です。上司の業務に関わる情報や上司が必要としそうな情報は積極的に収集するなど、自分の職務範囲を自覚したうえで、先を読む行動力が求められます

〈問題2〉 2)

解説	まず謝罪。その後どうすればよいか上司に指示を仰ぎます。取引先に指摘されたことで上司も気分を害しているので、謝罪の意を示すことが何より重要です。その後、ミスを防ぐための対策を自分で考えたり、先輩秘書にアドバイスを求めたりするようにします。
アドバイス	自分がミスをしたときの対応のポイントは、①すぐにわびる、②言い訳をしない、③対処の指示を仰ぐ、④防止策を考える、です。

3 求められる能力（1） 判断力・処理能力・情報力

頻出度 ★★★

合格のPoint
複雑な状況や困難な場面においては、秘書の判断力が大いに問われます。仕事を迅速に処理する能力、必要な情報を見極めて収集する能力も必要です。

Lesson ▶ 上司から「取り次がないように」と指示があったが、突然来客が…

NG
- 転任のあいさつに
- 私が承ります

OK
- 転任のあいさつに
- 上司を呼んでまいります

取引先の転勤や着任のあいさつは、儀礼的で短時間で済むため取り次ぎます。

1 取り次ぎにおける「判断力」　重要度 ★★★

「取り次ぐ」とは、上司に来客や電話があったことを伝える、ということです。それを受けるか受けないかは上司が判断することなので、秘書が判断する必要はありません。

上司から「取り次がないように」と指示されたからといって、すべての来客や電話をシャットアウトしていては緊急の事態や重要な用件のときに問題が生じます。取り次ぎについては、以下の点をしっかり頭に入れておきましょう。

●取り次ぐ判断基準
①緊急性があるか、重要度が高いか
　知らせたほうが会社や上司にとってよい結果が得られるかを考えます。
②相手と上司との関係はどうか
　上司より上位の人か下位の人か、親しいか親しくないかなどで判断します。
③会える機会がめったにない人かそうでないか
　遠方からの来訪者や多忙でアポイントメントがとりにくい人などは取り次ぎます。

● 「取り次がない」指示があっても取り次ぐ場合
①取引先の転任・着任のあいさつ　　②上司の上役からの呼び出し
③紹介状を持参した客の来訪　　　　④上司の恩師や親しい友人の来訪
⑤部下や家族からの緊急の用件　　　⑥事故や社内問題発生などの緊急事態

2 「処理能力」を高めるポイント　重要度 >> ★★★

秘書は、多種多様な仕事を正確かつ迅速に処理していかなければなりません。そのためには、効率のよい仕事の仕方を常に意識することが必要です。

仕事が複数重なったら優先順位をつけて進める！

仕事A　仕事B　仕事C

Bを先に

①仕事の重要箇所を押さえ、時間や手間を最も短縮できる手順を考える。
②行き違いや二度手間を防ぐため、関係者と十分なコミュニケーションをとる。
③さまざまな仕事のパターンを想定し、すぐに対応できるように事前準備をしておく。
④仕事に関する情報がどこにあるのかを把握し、いつでも活用できるようにしておく。
⑤処理の仕方がわからないときや迷ったときは考えこまず、先輩秘書に相談するなどしてすぐに行動に移す。また、時間が足りずに仕事を家に持ち帰る場合は、必ず上司の了承を得る。

3 「情報力」をつける　重要度 >> ★★

上司の仕事に必要な情報や役立つであろうと思われる情報を集め、いつでも提供できるように準備しておくのも秘書の仕事です。情報収集と取り扱いについては、以下の点に注意しましょう。
①タイミングを見計らって、必要な情報を提供する。
②テレビ、新聞、雑誌、インターネットなどを活用して、最新の情報をキャッチしておく。
③上司に求められたときに備えて、情報に対する自分の意見や感想を言えるようにしておく。
　その際は「あくまでも私の感想ですが…」と一言添える。
④世間で話題になっている事柄については一通り理解しておく。
⑤あまり重要でない情報やうわさ話なども、知らせておいたほうがよいと思われるときは知らせる。

第5章　必要とされる資質

確認しよう！

3級レベル 〈問題1〉

専務つき秘書A子は、上司から「急ぎの仕事に集中したいので誰も取り次がないように」と言われた。次は、その際にA子がやむを得ず取り次いだ人である。中から不適当と思われるものを一つ選びなさい。

1) 「専務に相談したいことがある」と言って部屋に来た部長
2) 転勤のあいさつに来た取引先の部長
3) アポイントメントなしで尋ねてきた上司の高校の恩師
4) 「至急、第一応接室まで来てほしい」と電話をしてきた社長
5) 紹介状を持ってきた来客

3級レベル 〈問題2〉

次は、秘書A子が仕事をスムーズに進めるために日ごろから行っていることである。中から不適当なものを一つ選びなさい。

1) 仕事に関する資料はきちんと整理し、いつでも使えるようにしておく。
2) 勘違いや行き違いを防ぐために、仕事を頼まれた人と十分なコミュニケーションをとる。
3) 仕事が多くて時間が足りないときは、家に持ち帰って終わらせる。
4) 仕事の仕方に迷ったときは一人で悩まず、先輩秘書にアドバイスを求める。
5) 自分一人で処理できそうもない仕事は、上司の了承を得たうえで同僚に手伝ってもらう。

解答と解説

〈問題1〉 1)

解説	部長は上司の部下にあたるので、緊急な用件以外は取り次がず、後で再度来てもらうように丁寧に言います。
問題の傾向	上司から「取り次がない」指示があっても取り次ぐケース（P.183参照）を問う問題がよく出題されます。

〈問題2〉 3)

解説	原則的に、仕事は勤務時間中に行うもの。どうしても期限に間に合わない場合は、上司に指示を仰ぐことが必要です。自分の判断で勝手に仕事を持ち帰ってはいけません。
問題の傾向	仕事が期限に間に合わない場合の対処の仕方がよく問われます。3)・5) の場合は、いずれも上司の了承が必要となります。

確認しよう！

2級レベル 〈問題1〉

秘書A子は常日ごろから上司に「会議中は取り次がないように」と言われている。ある日、上司の会議中に上司の大学の恩師が突然訪ねてきた。次は、その際のA子の対応である。中から適当と思われるものを一つ選びなさい。

1) 「申し訳ございませんが、今日は予定が詰まっております」と丁寧に断った。
2) 会議が終わるまで待ってもらい、終わった時点で上司に取り次いだ。
3) 「ただいま会議中でございますが、いかがいたしましょうか」と相手に聞いた。
4) 上司にとって重要な人物だと思うので、メモで上司に知らせた。
5) 「申し訳ございませんが、お約束のうえ、再度お越しください」と相手に頼んだ。

2級レベル 〈問題2〉

次は、秘書A子が業務において行っていることである。中から不適当と思われるものを一つ選びなさい。

1) あまり重要ではない情報やうわさ話などは、一切知らせることはしない。
2) 仕事の重要ポイントを押さえ、最も効率的に処理できる手順を工夫する。
3) 世間で話題になっている情報は、一通り理解しておく。
4) 上司に情報を伝えるときは、推測や憶測は除き、事実だけを正確に述べる。
5) 新聞やニュースなどから進んで情報を入手し、それに関する意見を言えるようにしておく。

解答と解説

〈問題1〉 4)

解説	恩師の来訪は、上司から「取り次がない」指示があっても取り次ぐケースに入ります。 1) は、秘書が自分の判断で断ることは許されないので不適当。 2) は、相手を会議が終わるまで待たせること。 3) は、会議がいつ終わるのかわからないので、相手は聞かれても困るだけで、秘書の対応として不適切。そもそも上司が「会議中」であることを安易に告げてはいけません。 5) は、もう一度来てもらうことを秘書が勝手に決めているので失礼なことです。
問題の傾向	2級では、取り次がない場合の具体的な応対の仕方も問われます。

〈問題2〉 1)

解説	たとえうわさ話などでも、知らせておいたほうがよいと思われるときは、知らせても構いません。

4 求められる能力（2） 理解力・洞察力・人間関係調整力

頻出度 ★★☆

合格のPoint 一を聞いて十を知る理解力、先を読む洞察力で的確に仕事を処理し、パイプ役としての人間関係調整力で上司と関係者の良好な人間関係をサポートします。

Lesson ▶ 上司の指示を上司の部下に伝えるときは？

NG
「…を…にするように」

OK
「…を…にしてください」とのことです。

上司の部下は、あくまでも上司の部下であって秘書の部下ではありません。上司の命令や指示は、言葉づかいや態度に注意して伝えなければいけません。

1 上司の意図をつかむ「理解力」と「洞察力」　重要度 ≫ ★★★

秘書は、上司の指示や言葉の<u>意図する</u>ところを正確に読み取り、理解しなければなりません。特に次のような場合の対処法を心得ておきましょう。

● 「急用で出かけるから後のことは頼む」と言われたとき

この場合の「後のこと」とは、主に<u>スケジュール調整</u>のことです。急いでスケジュールをチェックして、その間の予定の業務はどのようにするのかを上司に確認します。面談などの予定があれば、すぐに相手におわびの電話を入れ、相手の都合を<u>優先</u>しながら変更を申し出ます。

● 「あの資料を出してほしい」と言われたとき

「あの○○」「例の○○」といった大まかな言い方で指示された場合でも、話の流れからある程度は推測できるはずです。必ず「○○でございますね」と確認してから行動に移しましょう。上司の意向を正確にくみ取るためにも、上司が進め

ている仕事の概要や優先課題が何かを知っておくことが重要です。

2 上司と関係者の仲立ちをする「人間関係調整力」重要度 >> ★ ★

●上司の上役、同僚、部下への対応

秘書の対応の仕方によって上司の評価や信頼は大きく左右されます。社外に限らず、社内の人に対しても礼儀正しく誠実に接することが求められます。
- 上司の上役への対応：上司の上役からの指示や命令は優先します。特に会長、社長からの場合は最優先するのが原則です。
- 上司の同僚への対応：上司との関係や親密度にかかわらず、公平な態度で接します。
- 上司の部下への対応：当然のことながら上司の部下は秘書の部下ではありません。上司からの命令や指示を伝えるときは態度や言葉づかいに十分注意が必要です。

●よき"パイプ役"になるために

秘書は、上司と社内外の関係者の間に立って、両者がうまくコミュニケーションをとれるように"パイプ役"を果たさなければなりません。そのためには、以下のようなことを心得ておく必要があります。

- 積極的に人間関係を築く

　日ごろから秘書仲間や他部署の人とも協力して仕事をするようにします。人間関係が円滑であれば、仕事がしやすいだけでなく、万が一トラブルが発生してもお互いに協力してうまく解決しようという気持ちが生まれます。社内の集まりや行事に参加するなど、自分から進んでネットワークを広げることも心がけましょう。
- 情報は早く正確に上司に伝える

　秘書が情報を伝えるタイミングが遅れたために、上司と関係者の間に誤解や行き違いが生じ、トラブルに発展することも少なくありません。自分が得た情報は、できるだけ早く報告することが肝心です。
- 人間関係の潤滑油になる

　上司の意図がうまく伝わらず、上司と周囲の人との関係がぎくしゃくすることもあります。そうしたときは秘書が"潤滑油"となり、上司を理解してもらえるように真意を伝えることも必要です。

確認しよう！

3級レベル 〈問題1〉

秘書A子は、急な出張が入ってしまった上司から「後はよろしく」と言われた。次は、その際にA子が真っ先にとった行動である。中から適当と思われるものを一つ選びなさい。

1) 急な出張が入ったことを、上司の代わりに家族に連絡した。
2) 上司が不在の間のスケジュールを組み直した。
3) 予定を確認し、約束していた取引先との面会はどうするのかを上司に聞いた。
4) 交通手段や宿泊先などの手配をした。
5) 上司が出席する予定だった社内会議の主催者に欠席することを伝えた。

2級レベル 〈問題2〉

次は、営業部長つき秘書A子が業務において行ったことである。中から適当と思われるものを一つ選びなさい。

1) 上司に指示された仕事をしている最中に、常務から書類を届けるように頼まれたが、断った。
2) 上司の考え方が誤解され、部下との関係がうまくいっていなかったので、それとなく上司の真意を部下に伝えた。
3) 上司から「例の資料を出して」と言われたので、「どの資料かはっきり言ってほしい」と頼んだ。
4) 上司の性格について尋ねられたので、長所も短所も正直に話した。
5) 上司と仲のよくない経理部長から話しかけられたので、会釈だけしてその場をすぐに離れた。

解答と解説

〈問題1〉 3)

解説	「後はよろしく」とは、「スケジュールの調整を頼む」ということです。この問題では「真っ先にとった行動」という点がポイント。このような場合は、まずスケジュールを確認して、予定の相手におわびしたうえで変更をお願いします。3)以外は、すべてその後ですること。また、1)は上司の指示があればやることです。

〈問題2〉 2)

解説	1)は、上司の上役も含め、上司以外の人から仕事を頼まれたときは必ず上司に確認をとるようにします。3)は、秘書を信頼しているからこそこのような言い方をするのですから、上司の意図をくみ取ります。4)は、上司のマイナスになるような短所は話すべきではありません。5)は、誰にでも公平に誠実な態度で接しなければなりません。

アドバイス	上司にとってプラスになるかをポイントに、秘書としてふさわしい言動かを見極めます。

模擬問題

本試験を想定した模擬問題です。2級向けの問題ですが、3級にも対応しています。本試験に感覚が慣れるように、時間を計りながら取り組みましょう。

■試験時間
2級…120分　3級…110分

■合格基準
理論…13問中8問正解
実技…22問中14問正解

＊理論・実技ともに正解率60％以上で合格

模擬問題　選択問題

必要とされる資質

問題1

次は秘書A子が秘書に求められることとして考えていることである。中から不適当と思われるものを一つ選びなさい。

1) 上司の行き先や出張先など上司の行動は機密事項になるため、家族にも話さないようにしている。
2) 秘書の身だしなみは会社や上司の評価につながるので、服装や髪型、化粧にも気を配り、靴は動きやすいローファーを履いて機敏な動作を心がけている。
3) 社内人事に関することを尋ねられたら「知る立場にない」ことをはっきりと伝えるようにしているので、交友関係を狭める必要はないと考えている。
4) 上司から指示を受けるときは必ずメモをとり、疑問点があれば最後にまとめて聞くようにしている。
5) 秘書は上司と社内外の人を結ぶパイプ役の役割があるので、誰にでも公平に接するように心がけている。

問題2

秘書A子が秘書の心がまえとして考えていることである。中から不適当と思われるものを一つ選びなさい。

1) 急に会社を休んだり遅刻をすると、上司や同僚に迷惑をかけるので、規則正しい生活を心がけている。
2) 上司からの指示がなくても、業務に関わる情報や上司が必要としそうな情報は収集するように心がけている。
3) 上司が人名や会社名などを間違えている場合は、あえてそのように書いていることもあるため、確認するようにしている。
4) 飲み物や食事を出すときは、上司の好みだけでなく、季節や天候も考慮して選ぶようにしている。
5) 上司からミスを指摘されたときは、自分に責任がなくても言い訳せずにすぐに謝罪するようにしている。

問題3

営業部長秘書A子のところに取引先T部長が転任のあいさつに来訪した。部長からは「急ぎの仕事に集中したいので会議室で仕事をする。誰も取り次がないように」と言われている。そこへ専務から「緊急事態が起こったので、至急部長にこちらに来てもらいたい」と電話が入った。次はこのときA子が行ったことである。中から不適当と思われるものを一つ選びなさい。

1) 専務に「部長は席を外しているがすぐに伝える」と言って電話を切った。
2) 会議室にいる部長に、専務からの呼び出しとT部長の転任あいさつの件を伝えた。
3) 営業部長に、どのようにするか指示を仰いだ。
4) 部長から「T部長はよろしく」と言われたので、営業課長に代わりに対応してもらった。
5) 部長から「T部長はよろしく」と言われたので、A子もT部長とは面識があるためA子があいさつを受けた。

問題4

部長秘書A子が上司からの指示で資料作成をしているところへ、専務が「至急これをH社に届けてもらえないか」と書類を持ってきた。このような場合、A子はどのように対応するのがよいか。中から適当と思われるものを一つ選びなさい。

1) 書類を預かり、部長に事情を説明して了承を得てから届けに行く。
2) すぐに書類を届けるので、A子の外出中に専務から部長に事情を話しておいてほしいと言う。
3) 専務は部長の上司なので、専務から部長に了承を得てもらえばすぐに届けに行くと言う。
4) 専務は部長の上司だが、A子の上司ではないので引き受けられないと言う。
5) 専務は部長の上司だから、すぐに書類を受け取って届けに行く。

模擬問題

問題5

次は秘書A子が上司（商品開発部長）を補佐する際に心がけていることである。中から不適当と思われるものを一つ選びなさい。

1) 「急用で出かけるから後のことは頼む」と言われたときは、スケジュールをチェックし、面談予定があればすぐに相手におわびの電話を入れるようにしている。
2) 上司の都合で面談予定を変更してもらう場合は、相手の都合を優先して変更を申し出るようにしている。
3) 商品開発担当常務の指示や命令は、A子の直属の上司でなくても優先するように心がけている。
4) 「例の資料を出してほしい」と言われたときは、どの資料かはっきり指示してほしいと伝えるようにしている。
5) 商品開発部員に部長からの指示を伝えるときは「○○をしてください。とのことです」と言葉づかいや態度に注意して伝えるようにしている。

職務知識

問題6

次は総務部長秘書A子が、秘書の仕事として行っていることである。中から不適当と思われるものを一つ選びなさい。

1) 上司宛てのダイレクトメールは、上司に必要と思われるものだけを渡している。
2) 上司が作成した書類に明らかな間違いがあった場合は、上司に確認するようにしている。
3) お中元が総務部宛てに届いたら、礼状を書いて出している。
4) 上司が出席できそうもない会合には、早めに欠席通知を出すようにしている。
5) 上司から人物評価を求められたら、よい面を述べるようにしている。

問題7

次は部長秘書A子が上司の出張中に行ったことである。中から<u>不適当</u>と思われるものを一つ選びなさい。

1) 取引先の新任部長があいさつに来訪したので、上司は出張中と話して代わりに受けた。
2) 取引先からの面会申し込みの電話には、先方の希望日時をいくつか聞き、上司に確認してから連絡すると答えた。
3) 課長が稟議書を持ってきたので、よければ上司が出張から戻るまで預かると言い預かった。
4) 常務が明日までに部長に直接確認したいことがあるとのことだったので、宿泊先ホテルの電話番号を教えた。
5) 他部署の部長から「手伝ってもらいたい」と言われ、時間が空いていてすぐに終わる仕事だったので手伝った。

問題8

秘書A子の上司（部長）は2時半に帰社予定で外出しているが時間になっても戻らず、何の連絡もない。そこへ3時の予約客が早く着いたと言って来た。同時に取引先のY部長も転勤のあいさつに訪れた。このような場合、上司がまだ戻っていないことを伝えた後、どのように対応するのがよいか、中から適当と思われるものを一つ選びなさい。

1) 予約客には約束の時間に改めて来てもらえないかと頼む。
2) Y部長には部長が戻るまで待ってもらいたいと言って応接室に案内する。
3) Y部長に予約客を先にしてもらいたいと頼み、応接室で待ってもらう。
4) Y部長には課長が応対させてもらうと言って、課長に応対してもらう。
5) Y部長に予約客が来ているので、しばらくしてまた来てもらえないかと頼む。

模擬問題

問題9

秘書A子は上司（営業部長）が外出中、業界紙の記者から上司宛ての電話を受けた。「新製品を発売するという話を聞いた。取材できるか」とのことである。新製品については、まだ発表前である。このような場合、A子は記者にどのように対応するのがよいか。中から不適当と思われるものを一つ選びなさい。

1) 「お受けできるかどうかわかりかねますが、後ほどご連絡させていただきます」と言い、取材の希望日時と所要時間を聞いておく。
2) 「新製品の発売に関しては存じ上げませんが、取材のお問い合わせをいただいたことは上司に申し伝えます」と言う。
3) 「新製品は発売いたしますが、発表前ですので取材は無理だと存じます」と言う。
4) 「新製品情報についてどちらからお聞きになったのでしょうか」と聞き、「後ほどご連絡させていただきます」と言う。
5) 「部長の〇〇が外出中ですので、担当部署に確認してご連絡させていただきます」と言う。

問題10

秘書A子が出社すると、上司から体調がすぐれないので午前中は休むと電話があった。次はこのときA子が、上司が出社するまでに行ったことである。中から不適当と思われるものを一つ選びなさい。

1) 稟議書を持ってきた上司の部下に事情を話し、稟議書を預かった。
2) 上司に相談したいことがあるという他部署の部長には、事情を話してどのようにしたらよいかを尋ねた。
3) 不意の来客には用件を聞き、そのことに詳しい担当者に取り次ぐがよいかと尋ねた。
4) 急ぎの回覧文書をもってきた他部署の秘書に、上司は出社が遅れるので先に他部署に回すように頼んだ。
5) 懇意にしている取引先の部長から午後に面会したいとの電話があり、その時間は空いているので予約を受けておいた。

一般知識

問題11

次は用語とその意味（訳語）の組み合わせである。中から<u>不適当</u>と思われるものを一つ選びなさい。

1) アビリティー　　　＝　能力
2) アメニティー　　　＝　環境の快適性
3) オーソリティー　　＝　独自性
4) プライオリティー　＝　優先順位
5) パーソナリティー　＝　個性

問題12

次は用語と説明の組み合わせである。中から<u>不適当</u>と思われるものを一つ選びなさい。

1) 規制緩和　　＝　社会の経済を活性化するために、法規制を緩めること。
2) 為替レート　＝　通貨と通貨をいくらで交換するかという交換比率のこと。
3) 損益計算書　＝　売上高で収益と費用が同じになる点のこと。
4) 知的所有権　＝　著作権、特許権、商標権などの知的財産を保護する権利のこと。
5) 人事考課　　＝　給与査定や人事決定の資料にするために、従業員の仕事ぶりや能力などを評価すること。

模擬問題

問題13

次の「　　　　　」内の説明は下のどの用語の説明か。中から適当と思われるものを一つ選びなさい。

「会社などの目的・組織や業務などに関する基本的な規則」

1) 就業規則
2) 社是（しゃぜ）
3) モラール・サーベイ
4) 定款
5) 約款（やっかん）

マナー・接遇

問題14

次は秘書A子が相手の話を聞いたり、自分で話したりするときに心がけていることである。中から不適当と思われるものを一つ選びなさい。

1) 相手の話を聞くときは、表情やしぐさ、声の調子などからも言いたいことを察するようにして聞くようにする。
2) 自分が話をするときは、難しい言葉は使わないようにする。
3) 相手の話を聞くときは感情的になると内容を正確に理解できないことがあるので、冷静に聞くようにする。
4) 相手の話の意味がわからないときは、相づちを打たないで、眉をしかめたり首をかしげたりして表情やしぐさで示すようにしている。
5) 相手の真意を聞きとるために、キーフレーズやキーワードを探すようにしている。

問題15

次は秘書A子が上司へ報告するときに心がけていることである。中から不適当と思われるものを一つ選びなさい。

1) 今、報告をしてよいか、上司の都合を尋ねてから報告するようにしている。
2) 仕上がりまでに日数がかかる仕事は、上司に聞かれなくても途中で中間報告するようにしている。
3) 報告では結論を先に述べ、経過や理由などは後から簡潔に話すようにしている。
4) 報告は事実をありのまま話すことが重要なので、推測は入れずに報告するようにしている。
5) 報告はタイミングが大事なので、上司が忙しいときは、どのような報告でも手が空いたときに報告するようにしている。

問題16

次は秘書A子が名刺交換をするときに心がけていることである。中から不適当と思われるもの一つ選びなさい。

1) 名刺を受け取るときは、胸の高さで右手で持ち、軽く左手を添えるようにしている。
2) 相手が複数のときは、あらかじめ名刺入れから数枚出しておき、すぐに渡せるようにしている。
3) 相手の名前の読み方が何通りかあるときは、「○○様とお読みするのでしょうか」と尋ねるようにしている。
4) 相手が複数のときは、名前を間違えないように、受け取った名刺は相手の席順に並べている。
5) 自分の名刺を渡すときは、相手が読みやすいように相手に向けて渡すようにしている。

模擬問題

問題17

次は秘書A子の電話応対である。中から不適当と思われるものを一つ選びなさい。

1) 相手の声が聞きとりにくいときは「恐れ入りますが、お電話が遠いようですが」と言っている。
2) 相手に待ってもらうときは、どんなに短い時間でも「少々お待ちくださいませ」と言って保留にしている。
3) 相手からかかってきた電話が途中で切れてしまったときは、すぐにかけ直して「どうかなさいましたか」と尋ねている。
4) 伝言をお願いするときは「○○様へご伝言をお願いできますか」と尋ね、相手が了承してから用件を話している。
5) 相手が名のらないときは「失礼ですがお名前をお聞かせ願えますか」と相手の名前を確認してからつないでいる。

問題18

次は秘書A子が後輩を注意するときに心がけていることである。中から不適当と思われるものを一つ選びなさい。

1) 注意したことが改善されたら、すぐに褒めるようにしている。
2) 注意したことが改善されていなければ、繰り返し注意するようにしている。
3) しこりが残らないように、注意したあとも普段と変わらない態度で接するようにしている。
4) 注意するときは明確な基準に照らし合わせると相手が納得するので、後輩の同僚と比較するようにしている。
5) うわさになっていることを注意するときは、事実かどうかを確かめてからにしている。

問題19

部長秘書A子は、上司の外出中に取引先の役員が亡くなったという知らせを受けた。次はその際に相手に尋ねたことである。中から不適当と思われるものを一つ選びなさい。

1) 喪主の氏名と続柄
2) 葬儀の形式
3) 死因
4) 葬儀の日時と場所
5) 火葬の日時と場所

問題20

次は部長秘書A子の言葉づかいである。中から不適当と思われるものを一つ選びなさい。

1) 外出先から戻った部長に、食事をしたか尋ねたとき
   「お食事はいただかれましたか」
2) 受付で来客に名前を尋ねたとき
   「お名前をお聞かせ願えませんか」
3) 取引先から部長がいるか聞かれたとき
   「部長の〇〇はあいにく席を外しております」
4) 課長が面談に同席してもらえないかと言ってきたことを部長に伝えたとき
   「面談にご同席願いたいとのことでございます」
5) 専務は3時ごろに戻る予定と伝えたとき
   「専務は、3時ごろお戻りになるとのことでございます」

模擬問題

問題21

次は秘書A子が弔事に関して行っていることである。中から下適当と思われるものを一つ選びなさい。

1) 焼香は親族に一礼してから祭壇に一礼し、香をつまんで香炉へ入れたあと合掌し、一礼してから戻る。
2) 受付へ香典を差し出すときは丁寧にお辞儀をしてから「心ばかりのものですが」と言う。
3) 遺族に会ったときは、「このたびはご愁傷さまでした」とお悔やみの言葉を静かに言う。
4) 不祝儀袋は金額に見合った体裁のものを使い、上書きは薄墨で書く。
5) 焼香や出棺を待つ間は、知り合いに会っても談笑などはせず、必要なことがあれば小声で話す。

問題22

次は賀寿とそれを祝う年齢の組み合わせである。中から不適当と思われるものを一つ選びなさい。

1) 卒寿（そつじゅ） ＝ 80歳
2) 白寿（はくじゅ） ＝ 99歳
3) 古希（こき） ＝ 70歳
4) 米寿（べいじゅ） ＝ 88歳
5) 喜寿（きじゅ） ＝ 77歳

問題23

次の上書きの中から不適当と思われるものを一つ選びなさい。

1) 病気見舞いのお返しに「内祝」
2) 訪問のときの手土産に「寸志」
3) 結婚や賀寿（長寿の祝い）のお祝いに「寿」
4) キリスト教式の葬儀に「お花料」
5) 香典返しに「志」

技能

問題24

秘書A子の上司は社外から人を招いて会議を開催することが多い。次はその時にA子が行ったことである。中から不適当と思われるものを一つ選びなさい。

1) 開催日時が決まったら会議室を予約し、あらかじめ机上に置く名札を用意した。
2) 会議に使用する資料は事前に配布するのか、当日配布するのか上司に確認した。
3) 社外から会議出席者に連絡をとりやすいように、案内状に会議室の内線番号を入れた。
4) 開催時間間近になっても到着していない人を上司に報告し、電話で連絡してみると言った。
5) 会議開催を遅らせる場合は上司の指示を仰ぎ、「あと〇分ほどお待ち願います」と言った。

模擬問題

問題25

次は秘書A子が文書作成の際に行ったことである。中から不適当と思われるものを一つ選びなさい。

1) 部長会議の開催通知の宛て名を「部長各位」にした。
2) 個人宛ての手紙の前文を「貴殿ますますご隆盛のこととお喜び申し上げます」と書いた。
3) 取引先への手紙の前文を「貴社ますますご繁栄のこととお喜び申し上げます」と書いた。
4) 受け取った手紙への返事の書き出しを「拝復」と書いた。
5) 社内文書の発信日は年月日を記入したが曜日は書かなかった。

問題26

次は手紙を書くときに時候のあいさつとして使う言葉と、それを使う一般的な月との組み合わせである。中から不適当と思われるものを一つ選びなさい。

1) 余寒 ― 2月
2) 陽春 ― 4月
3) 猛暑 ― 8月
4) 晩秋 ― 11月
5) 秋冷 ― 10月

問題27

次は秘書A子が「秘」扱い文書の取り扱いで行っていることである。中から不適当と思われるものを一つ選びなさい。

1) 「秘」扱い文書を郵送するときは二重封筒を使っている。
2) 「秘」扱い文書を郵送するときは、外側の封筒に「秘」と書いている。
3) 「秘」扱い文書をコピーするときは必要部数だけコピーしている。
4) 「秘」扱い文書を社内に配布するときは、文書に通し番号をつけ、配布先を記録している。
5) 「秘」扱い文書を郵送するときは簡易書留にし、受信者宛てに電話で連絡をしている。

問題28

次は、秘書A子が上司の指示で郵便物を送ったときに行ったことである。中から不適当と思われるものを一つ選びなさい。

1）上司が執筆した原稿を簡易書留で送った。
2）1000通以上ある社長就任披露パーティーの招待状を料金別納郵便で送った。
3）上司が泊まっているホテルに資料を送るときに「○○ホテル気付」と書いた。
4）上司がお世話になった人に礼状を添えて商品券を書留で送った。
5）遠方の得意先への香典を、悔やみ状を添えて現金書留で送った。

問題29

次は出版物に関する用語とその説明である。中から不適当と思われるものを一つ選びなさい。

1）バックナンバー　―　雑誌など定期刊行物のすでに発行された号のこと
2）季刊　　　　　　―　1年に4回発行されている雑誌
3）献本　　　　　　―　できあがった本を進呈すること
4）草稿　　　　　　―　下書きのこと
5）タブロイド版　　―　新聞紙の4分の1ページの大きさのこと

模擬問題

問題30

次は秘書A子が行っている、名刺整理箱を使った名刺整理方法である。中から<u>不適当</u>と思われるものを一つ選びなさい。

1) 使った名刺を箱に戻すときは、探しやすいように元あった場所に戻している。
2) 受け取った名刺には面会日付やその人の特徴を記入してから整理箱に入れている。
3) 上司の個人的な名刺と仕事上の名刺は別に整理している。
4) 会社名で探すことが多いので、会社名の五十音順で整理している。
5) 1年に1回は名刺の整理をし、不要な名刺は廃棄している。

問題31

次は秘書A子が上司の日程管理について行っていることである。中から<u>不適当</u>と思われるものを一つ選びなさい。

1) 上司が何も言わずに外出するときは、帰社時間だけでも尋ねるようにしている。
2) スケジュール表の予定を変更するときは、変更前の予定がわかるように2本線で消すようにしている。
3) 上司が外出するときや会議へ出席するときは、次の予定を伝えるようにしている。
4) 上司の私的な予定も秘書は知っておく必要があるので、日々予定表に書いている。
5) 年間の定例行事は年度の初めに前年度を参考にして予定表に書きこんでいる。

模擬問題　記述問題

マナー・接遇

問題32

次の場合、使用する祝儀袋は図A・Bどちらになるか、記号で答えなさい。また、適切な上書きを漢字で書きなさい。

1) 結婚する人にお祝いを贈るとき
　　祝儀袋（　　　　）　　上書き（　　　　　）

2) 取引先の社長就任のお祝いを持っていくとき
　　祝儀袋（　　　　）　　上書き（　　　　　）

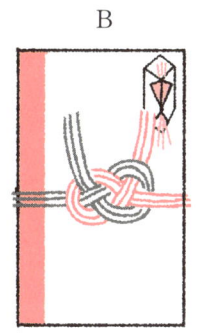

　　　　　　　A　　　　　　　　B

問題33

次は、秘書A子が来客に言った言葉である。下線部分を丁寧な言葉に直しなさい。

1)「申し訳ございません。<u>話すことは</u>　<u>できません</u>」
　　　　　　　　　　　　　　a　　　　　　b
2)「<u>これは</u>　<u>みましたか</u>」
　　a　　　　b
3)「寄付は<u>断るよう</u>　<u>言われている</u>」
　　　　　　a　　　　　　b

模擬問題

技能

問題34

次の表は、Ｓ社が令和〇〇年３月に実地した自社製品の満足度調査結果を表したものである。これをわかりやすい円グラフにしなさい。

ただし、定規を使わずに書いてよい。また、割合の大きさは目分量でよい。

非常によい	よい	わからない	よくない	非常によくない
13%	67%	10%	8%	2%

問題35

秘書Ａ子の上司に、取引先の〇〇株式会社より新製品披露祝賀会の招待状が届いた。上司から下のような返信はがきを渡され、「出席で出しておいてほしい」と指示された。このような場合、どのように記入するか。必要なことを記入しなさい。

〇〇株式会社　　新製品披露祝賀会

御出席

御欠席

御芳名

御住所
103-5544
東京都豊島区大塚１・４・５
青山　武

※本番の試験では住所・氏名の欄は書かなくてよい場合もあります。

解答・解説　選択問題

必要とされる資質

問題1　2)　▶P.174

ローファーのようなヒールのない靴はカジュアルなので、きちんと改まった印象を与えません。秘書は中ヒール（5cm程度）を履くようにします。

ワンランクアップ　秘書にふさわしい身だしなみの基本は、清潔感があり機能的であること。そして、企業や職場の雰囲気と調和したものであることです。

問題2　3)　▶P.179

人名や会社名などの誤字・脱字などは、上司に確認するまでもなく秘書が自分で処理をします。

ワンランクアップ　上司のミスを確認する場合は「私の記憶違いのようですので、確認させていただけますか」と自分に非があるような言い方で、上司に確認するように尋ねます。

問題3　5)　▶P.182〜183

秘書が上司の代理をすることはできません。「よろしく頼む」とは、課長など上司の代わりができる人に対応してもらうことです。

ワンランクアップ　上司から「取り次がないように」と指示があっても取り次ぐ場合があります。上司の上役からの呼び出し、取引先の転任・着任のあいさつは取り次ぐ場合として出題されることが多いので、覚えておきましょう。

問題4　1)　▶P.187

上司の上役から仕事を頼まれた場合は、そちらを優先するのが原則。いったん引き受け、上司に報告して了承を得たうえで仕事に取りかかるようにします。2)・3)・4) 秘書は専務にこうしたことを言える立場にはいません。5) いくら専務が上司の上役であっても、上司に無断で仕事を進めてはいけません。必ず上司の了承を得るようにします。

解答・解説

問題5 4) ▶P.186

秘書は上司の指示や言葉の意図するところを正確に読み取り理解しなければなりません。「あの資料」「例の○○」といった大まかな指示でも、話の流れからある程度推測できます。その時には必ず「○○でございますね」と確認してから行動に移すようにします。

職務知識

問題6 4) ▶P.162

「出席できそうもない」というのはあくまでも推測であり、出席できるかもしれないので、勝手に欠席通知を出してはいけません。出欠の返事の締め切りまで待ち、確定してから出すようにします。3) は、上司の指示がなくても行う、秘書の「定型業務」の一つ。5) のように人物評価を求められた場合は、「私の知る限りでは…」などと前置きしたうえで、よい面を中心に述べるようにします。

問題7 1) ▶P.159

上司にあいさつに来たということは、上司が所属する部署へのあいさつと考えてもよく、上司が不在の場合は、上司の部下の課長などにあいさつを受けてもらうべき。秘書は伝言を預かることはできますが、上司に成り代わって来客の応対をすることはできません。5) については、本来なら上司の了解を得てから手伝うべきですが、「上司が不在中」で「すぐに終わる仕事」であることから、不適当とはいえません。

問題8 4) ▶P.159

転勤や着任などのあいさつは儀礼的なもので、普通、短時間で済むため、上司がいるときはできるだけ取り次ぎますが、不在の場合は問題7と同様に、上司の部下の課長などに代わって対応してもらいます。このようなケースでは、予約客には予約時間まで応接室で待ってもらい、お茶を出して雑誌などを勧めるとよいでしょう。

> 問題9　3)　　▶P.167

発表前でもこうした取材の申し込みを受けることはあります。発表前の新製品情報は機密事項にあたるので話すべきではありません。3)は、「発売すること」を外部にもらしている点、「取材は無理」と上司に確認せず勝手に判断している点が不適当。

> 問題10　5)　　▶P.167

その時間が空いていたとしても、面会予約を受けるかどうか上司に確認することが必要。また、上司の体調が戻って必ず午後に出社するとは限らず、出社したとしても来客は控えるかもしれません。そうしたことを察するのも秘書の重要な資質といえます。

一般知識

> 問題11　3)　　▶P.018

「オーソリティー」とは、権威、権威者、大家のこと。学問や技術などさまざまな分野で、高度な専門知識やスキルをもつ実力者をいいます。独自性は、「オリジナリティー」。このように似た音のカタカナ語は多いので、間違えないようにきちんと覚えておきましょう。

> 問題12　3)　　▶P.031

「損益計算書」とは、一定期間（事業年度）の会社の損益を表した計算書で、経営成績を把握するために作成されます。収益と費用が同じになる、つまり儲けも損もない売上高のことは、「損益分岐点」といいます。

解答・解説

問題13 **4)** ▶P.027

1)「就業規則」は、始業・終業時間や休日、賃金、退職に関する事項など、労働条件や職場の規律を定めたもの。常時10人以上が働く事業場では作成することが法により義務づけられています。2)「社是」は、会社の経営方針や経営理念のこと。3)「モラール・サーベイ」は、従業員の労働意識調査。「モラール（勤労意欲、やる気）」をアンケートや面談によって調査します。5) 契約などに定められた条項のこと。保険約款など、不特定多数の利用者との契約においてトラブルが起きないようにあらかじめ定めておく約束事。

マナー・接遇

問題14 **4)** ▶P.115

相手の話が理解できないときは、区切りのよいところか話の最後に簡潔にまとめて聞くようにします。表情やしぐさで示すのは不適当。また、相手の話に同意できないときは、「それはどうでしょうか」「賛成しかねますが」などの相づちを打ちます。

問題15 **5)** ▶P.118～119

上司が気にかけていることや悪い結果は、上司としても次の対策を考える必要があるため、一刻も早く報告しなければなりません。悪い報告ほど早くする、と覚えておきましょう。

問題16 **3)** ▶P.136

受け取った名刺の読み方がわからないときは、その場で「どのようにお読みするのでしょうか」と尋ねます。「○○様とお読みするのでしょうか」と聞いて、読み方が間違っていたら失礼になります。

問題17 3) ▶P.130

原則として、電話が途中で切れてしまったときは、かけたほうからかけ直すのがマナー。ただし、自分より上位の人からかかってきた場合は、自分からかけ直すようにします。

ワンランクアップ すぐにかけ直すと、相手もかけ直していて話し中になることもあるので、タイミングを見計らうことが大切。また、切れた理由を尋ねる必要はないので、3) は不適当です。

問題18 4) ▶P.122〜123

ほかの人と比較したり、「常識的に考えて…」などと一般論を持ち出すと、注意されたほうは納得するどころか、反感をもつこともあります。注意する際のポイントは、「1対1で」「他人と比較しない」ことを覚えておきましょう。

問題19 5) ▶P.150

一般的に考えて、上司は火葬には参列しないので尋ねる必要はありません。上司に知らせるべきことは、通夜や告別式、葬儀の日時・場所・形式、死因、亡くなった日、喪主の氏名・住所・続柄。

問題20 1) ▶P.103

「食べる」の謙譲語「いただく」に「れる」「られる」をつけた、謙譲語と尊敬語を混同した言い方。正しくは、「お食事は召し上がりましたか」です。「召し上がられましたか」は、「召し上がる」と「られる」の二重敬語になるので間違いであることに注意しましょう。

問題21 2) ▶P.154〜155

「心ばかりのものですが」は、贈り物をするときに、「ささいなもので恐縮です」という謙遜の意味を込めて言う言葉。

ワンランクアップ 香典を渡すときは、「このたびはご愁傷さまでした」と小声で言います。元気な声や笑顔は禁物です。

解答・解説

問題22 **1)** ＞P.147

「卒寿」は90歳のお祝い。卒の略字（卆）を分けると「九」と「十」になることからこの名称がつけられています。80歳は「傘寿」。同様に、傘の略字（仐）が「八」と「十」に分解できるため。

問題23 **2)** ＞P.144

訪問のときの手土産には「粗品」（粗末なものですが、という謙遜の意を込めた語）と書くのが正しい。「寸志」は、「ほんの気持ちですが」という意味を込めて、目下の人への謝礼のときに使います。

ワンランクアップ 「寸志」と似た言葉に、賞金などを渡すときに使う「金一封」があります。どちらも現金を贈る場合に使い、「寸志」は主に気持ちを贈る、「金一封」は単にお金を渡す、と覚えておきましょう。

技能

問題24 **3)** ＞P.046～047

普通、緊急の用件以外は会議中に連絡を入れることはありません。また、会議開催の案内状には会議室の内線番号ではなく、担当者の名前と電話番号を入れます。

ワンランクアップ 会議出席者に連絡をとる場合は、メモで伝えるようにします。

問題25 **2)** ＞P.054

個人宛ての前文に用いる慣用語は、「ご清祥」「ご健勝」。「ご隆盛」は会社や団体宛てに用います。

問題26 **3)** ＞P.059

「猛暑」というと夏真っ盛りの8月をイメージしますが、7月の時候のあいさつ。8月に書く手紙には、「残暑」「晩夏」などを使います。

問題27　**2)**　▶P.070〜071

外側の封筒に「秘」と書くのは、「秘」扱い文書であることをわざわざ知らせるようなものであるため、不適当。「秘」扱い文書を郵送するときは、二重封筒を使い、内側の封筒に「秘」の印を押して封をします。外側の封筒は透けないものを使い、「親展」と記して封をします。

問題28　**2)**　▶P.074〜075

料金別納は、切手を1枚1枚貼らなくても済むので郵送の手間を簡略化できますが、社長就任披露パーティーの招待状のような格式を重んじる郵便には不適当。お祝い用の切手を貼って送るようにします。

問題29　**5)**　▶P.091

「タブロイド版」は、新聞の2分の1ページの大きさのこと。夕刊紙や業界紙によく使われるサイズです。

問題30　**1)**　▶P.086〜087

名刺整理箱から抜き出して使った名刺を戻すときは、ガイドのすぐ後ろに入れます。こうすると、使わない名刺がガイドの後ろのほうに送られ、よく使う名刺が前に集まるので出しやすくなる。また、不要な名刺を廃棄するときも選別がしやすくなります。

問題31　**4)**　▶P.094〜095

「日々予定表」は仕事のスケジュールを書くものなので、上司のプライベートの予定は一緒に書きません。秘書が自分の予定表や手帳に書くようにします。

解答・解説　記述問題

🌸 マナー・接遇

問題32　▶P.143

1) 祝儀袋（**B**）　上書き（**寿、祝御結婚**）
2) 祝儀袋（**A**）　上書き（**御祝**）

水引は、何度あってもよいことには「蝶結び」、一度きりのほうがよいことには「結び切り」を使います。

問題33　▶P.102〜103

1) a **お話しすることは**
   b **いたしかねます**
2) a **こちらは**
   b **ご覧になりましたか**
3) a **お断りするよう**
   b **申しつかっております**

1) 断る場合も、「〜できません」という否定表現ではなく、「〜いたしかねます」と肯定表現を使います。

🌸 技能

問題34　▶P.062, P.066〜067

このような満足度調査や意識調査、アンケートなどの結果については、比率の大きさにかかわらず項目順に並べます。また、「その他」「わからない」「未回答」は比率の大きさにかかわらず最後にします。

ワンランクアップ　書き忘れがちなのが、タイトルや調査年月日、調査対象などのデータ。問題に提示されている場合は必ず記入しましょう。

【S社製品満足度調査結果】

「非常によくない」2%
「よくない」8%
「わからない」10%
「非常によい」13%
「よい」67%

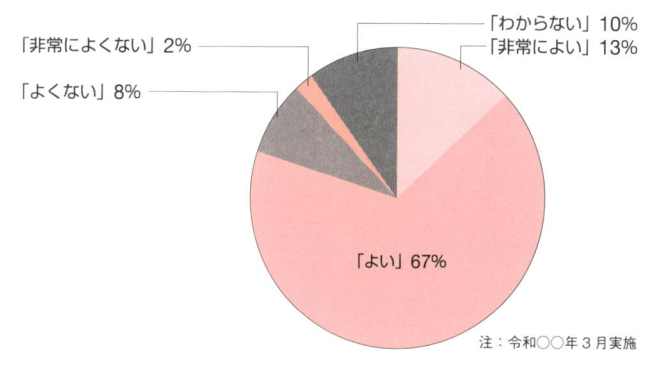

注：令和○○年3月実施

問題35　▶ P.075

不要な文字（御、御芳など）を2本線で消し、「このたびはおめでとうございます」「（出席）させていただきます」などの言葉も書き添えます。

○○株式会社　　新製品披露祝賀会

御欠席

御出席　させていただきます。

このたびはおめでとうございます。

御芳名
御住所
103-5544
東京都豊島区大塚1・4・5
青山　武

※本番の試験では住所・氏名の欄は書かなくてよい場合もあります。

● 著者プロフィール ●

髙畠真由美（たかはた・まゆみ）

秘書技能検定準１級面接審査員。
ＴＣＦ（Takahata Mayumi Consulting Firm）代表、帝京大学 非常勤講師。
サッポロビール株式会社秘書室にて約９年間会長・社長秘書等を務め、その後女性起業家秘書４年、秘書としてさらなる経験を重ねる。現在は、小さなビジネスから始めたい方向けに「スモールビジネスコンサルティング」、「就活サポート講座」などを開催。

● スタッフ ●

本文デザイン	株式会社エディポック
本文イラスト	すぎやまえみこ
編集協力	株式会社エディポック
編集担当	梅津愛美（ナツメ出版企画株式会社）

ナツメ社Webサイト
https://www.natsume.co.jp
書籍の最新情報（正誤情報を含む）は
ナツメ社Webサイトをご覧ください。

本書に関するお問い合わせは、書名・発行日・該当ページを明記の上、下記のいずれかの方法にてお送りください。電話でのお問い合わせはお受けしておりません。
・ナツメ社webサイトの問い合わせフォーム
　https://www.natsume.co.jp/contact
・FAX（03-3291-1305）
・郵送（下記、ナツメ出版企画株式会社宛て）
なお、回答までに日にちをいただく場合があります。正誤のお問い合わせ以外の書籍内容に関する解説・受験指導は、一切行っておりません。あらかじめご了承ください。

現役審査員による集中レッスン
秘書検定２・３級 最短合格テキスト＆問題集

2014年 4月 3日 初版発行
2025年 7月20日 第22刷発行

著　者　髙畠真由美　　　　　　　　　　©Takahata Mayumi,2014
発行者　田村正隆

発行所　株式会社ナツメ社
　　　　東京都千代田区神田神保町1-52　ナツメ社ビル１F（〒101-0051）
　　　　電話　03（3291）1257（代表）　　FAX　03（3291）5761
　　　　振替　00130-1-58661
制　作　ナツメ出版企画株式会社
　　　　東京都千代田区神田神保町1-52　ナツメ社ビル３F（〒101-0051）
　　　　電話　03（3295）3921（代表）
印刷所　TOPPANクロレ株式会社

ISBN978-4-8163-5514-1　　　　　　　　　　Printed in Japan

〈定価はカバーに表示してあります〉
〈乱丁・落丁本はお取り替えします〉

本書の一部または全部を著作権法で定められている範囲を超え、ナツメ出版企画株式会社に無断で複写、複製、転載、データファイル化することを禁じます。

現役審査員
による集中レッスン

秘書検定 2・3級 最短合格 テキスト&問題集

秘書検定面接審査員
髙畠真由美 著

別冊 試験直前の最終チェック!!
一問一答問題集

試験に出題されやすい問題は「頻出」のマークをつけました。必ずおさえておきましょう。また、間違えた問題はテキストの参照ページに戻って内容を確認し、繰り返し学習しましょう。

矢印の方向に引くと取りはずして使えます

ナツメ社

一般知識

問題 / 解答

01 頻出
財務諸表とは、企業の一定期間の財務状態や経営成績などの書類の総称のことである。
○ 　利害関係者に明らかにするのが目的で作成される書類。代表的なものは、貸借対照表と損益計算書。 >P.030

02
福利厚生とは、雇用主が給与や賞与以外に従業員の健康増進や生活の充実を図ることである。
○ 　福利厚生には健康診断、社員食堂、社内託児所や社員貸付制度などがある。 >P.039

03 頻出
人事考課とは、従業員の仕事ぶりや能力などを評価することである。
○ 　人事考課は給与査定や人事決定の資料のために行う。 >P.038

04
金利とは、株価の変動によって得られる利益のことである。
× 　金を貸したことによって得られる利益のこと。預金などのように一定の率によって支払われたもののこと。 >P.022

05
モラール・サーベイとは、従業員の労働意欲調査のことである。
○ 　モラールは、労働意欲と訳される。モラールに近い言葉に「モチベーション」があるので、混同しないように注意。 >P.039

06
会社などが社員などの1年間分の所得税の過不足を1年に1回精算することを確定申告という。
× 　年末調整のことである。「確定申告」とは1年間の所得額を申告して税金を納めること。 >P.031

07
企業の財政状態を明らかにするため、一定期間の資産、負債、純資産（資本）の内容を一覧表にしたものを貸借対照表という。
× 　貸借対照表は一定期間ではなく一定期日（決算）における資産、負債、純資産の内容を一覧表にしたもの。 >P.030

08 頻出
「昇進」は企業が決めた等級で、社内資格や等級が上がることである。
× 　「昇進」は役職がより高い地位になること（例：課長→部長）。社内資格や等級が上がるのは「昇格」という。 >P.038

1

> 一般知識では、音の似ているカタカナ語や、漢字が似ているものを間違えないようにしましょう。

問題 / **解答**

	問題		解答
09	定款とは、会社の経営方針や服務規定を定めて文書にしたものである。	✗	定款は会社などの目的や組織、業務などに関する基本的な規則を記した文書のこと。 P.027
10 頻出	株式会社とは、出資者（株主）が組織し、出資者は出資金のみの責任を負う会社である。	○	株主は、出資金だけの責任を負えばよい。株式は原則として自由に売買、譲渡できる。 P.026
11	マーケティングとは、商品（製品・サービス）が消費者の手に渡るまでに行われる企業活動。	○	設問のとおり。マーケティング・リサーチとは市場調査のこと。 P.023
12 頻出	株主総会は、業務執行の意思決定機関のことである。	✗	株主総会は株式会社の意思決定を行う最高議決機関。 P.027, P.042
13	NPOとは、国際協力に携わる非政府組織のことである。	✗	NPOは民間の非営利組織。国際協力に携わる非政府組織はNGO。 P.023
14	インセンティブとは、意欲を引き出すために外部から与える奨励や刺激、報奨などのことである。	○	売上げを上げるための景品、手数料や割増金の意味もある。 P.019
15 頻出	トップマネジメントとは、経営者層のことで、一般的に重役・役員といわれている。	○	会長から、社長、専務、常務までのこと。 P.027
16	オーソリティーとは能力のことである。	✗	オーソリティーとは権威、権威者のこと。能力や才能はアビリティーという。 P.018

技能

#	問題	解答
01 頻出	取締役会は会社法に定められている法定会議で、全取締役で構成されている。	○ 取締役会は、株式会社の業務執行の意思決定を行う。 > P.042
02	常務会は法定会議で、重役会などとも呼び、社長・副社長・専務・常務で構成されている。	× 常務会は法定会議ではない。会社運営の意思を決める会議のことをいう。 > P.042
03	シンポジウムとは複数の専門家が、ある1つの問題について異なった立場で意見を述べる。	○ 専門家がそれぞれの立場から意見を述べる。主に学術的なテーマが多い。 > P.043
04 頻出	一度会議で決定した事項はその会期中には二度と審議できないことを、一事不再議の原則という。	○ 一事不再議の原則とは、一度議決されたらその会期中は再審議しないこと。 > P.043
05 頻出	諮問とは、有識者や一定の機関に意見を求めること。	○ 諮問に対する回答を申し述べることを、答申という。 > P.043
06	上司が主催する社外会議の案内状は、開催1週間ほど前には送付する。	× 社外会議の場合は、開催1カ月くらい前には案内状を送付する。 > P.047
07	会議中に電話を取り次ぐ場合は、取り次ぐ人の隣りに行き、相手にだけ聞こえるような小さな声で伝える。	× 会議中に電話を取り次ぐ場合は、メモで伝える。小声で伝えることはしない。 > P.047
08	オブザーバーは、出席者がよく見えるように、前方で出席者側に顔を向けるように座る。	× オブザーバーは後方の席に座る。記録係は前方、オブザーバーは後方と覚えておく。 > P.047

3

技能

問題		解答	
09 頻出	社内文書は横書きで作成する。1文書に1用件のみ書く。	○ P.050	社内文書はＡ４横書きが一般的で、1文書1用件が原則。文体は「です」「ます」体を用いる。
10	社内文書の発信者名は、役職名と氏名を書く。	× P.051	社内文書の発信者名は、役職名（人事部長など）だけにし、氏名は書かない。
11	社外文書の前文で相手の会社に対して繁栄を祝う言葉として「ご隆盛」「ご発展」を用いる。	○ P.054	時候のあいさつに続けて、「貴社ますますご隆盛のこととお喜び申し上げます」というように書く。
12	社外文書の前文で個人に対して繁栄を祝う言葉として「ご隆昌」「ご繁栄」を用いる。	× P.054	「ご隆昌」「ご繁栄」は企業に対して用いる。個人に対しては「ご健勝」「ご清祥」を用いる。
13 頻出	社外文書の発信者と受信者の役職は同格にする。	○ P.055	発信者が「部長」なら受信者も「部長」というように発信者と受信者の役職は同格にする。
14	社外文書の発信者、受信者の会社名は㈱などと書いてよい。	× P.055	発信者、受信者ともに㈱などと省略せず、株式会社と正式名で書く。
15	社外文書で頭語が「拝啓」であれば、結語は「敬具」にする。	○ P.054	特に丁重な文書の場合で、頭語が「謹啓」であれば、結語は「敬白」「敬具」とする
16	「晩秋の候」「向寒の候」は、11月の時候のあいさつである。	○ P.059	設問のとおり。時候のあいさつは月ごとに覚えよう。漢字も間違えないように。「向暑の候」は6月。

> 折れ線グラフは時間の推移。
> 棒グラフは数量の多少の比較。円グラフは構成比率。
> 帯グラフは構成比率の比較と覚えましょう。

	問題	解答	
17	折れ線グラフは、数量の多少を比較するときに適したグラフである。	✕ P.062	折れ線グラフは、時間の推移に伴った数量の変化や連動に適している。数量の多少の比較は棒グラフが適している。
18	円グラフ、帯グラフともに構成比を表すので、年度別の比較は、どちらを用いても構わない。	✕ P.062	どちらも構成比を表すが、帯グラフは同じ項目を年度別、地域別などに比較する際に用いる。
19	社用封筒で届いた上司宛ての文書は秘書が開封してもよい。	◯ P.070	公信なので開封可。ただし、公私不明な文書（社名が2本線で消してあるなど）は私信扱いにし、開封せず上司に渡す。
20 頻出	「親展」は開封しないで上司に渡す。	◯ P.071	「親展」は本人に開封を求めることなので、開封しないで上司に渡す。
21	「秘」扱い文書を社内に配布する場合は、文書に通し番号をつけ、配布先を控える。	◯ P.070	配布先と名前を控えておき、回収したら控えと確認する。
22	「秘」扱い文書を他部署に渡すときは記録し、渡す際に受領印をもらう。	◯ P.070	「文書受信簿」に記録し、渡すときに受領印をもらう。
23 頻出	「秘」扱い文書は透けない封筒に入れ、「秘」の印を押して郵送する。「秘」文書を送ったことを先方に電話で連絡する。	✕ P.071	二重封筒に入れ、内側の封筒に「秘」を押印。外の封筒は透けないものを用い「親展」と記して封をする。
24 頻出	円グラフでは必ず大きい比率のものから右回りに記入する。	✕ P.067	必ずではない。調査項目の「良い」「悪い」などの場合、比率順ではなく項目順に、「その他」は最後にする。

技能

	問題	解答	
25 頻出	「現金書留」では商品券やギフト券も送れる。	✗ P.075	商品券やギフト券は「書留（一般書留）」で送る。「現金書留」は現金（50万円まで）と、手紙も同封できる。
26	毎月50通以上の郵便物を送るときには「料金別納郵便」を利用する。	✗ P.075	「料金別納郵便」は同一料金の郵便物を10通以上同時に送るときに利用する。
27 頻出	書類をとじないでフォルダーに挟み、キャビネットの引き出しに垂直に立て収納する方法をバーチカルファイリングという。	○ P.079	バーチカルとは垂直という意味である。
28	標題をタイトルにしてまとめる方法を「標題別整理法」という。	○ P.078	「見積書」「請求書」などの伝票や「報告書」などの標題をタイトルにしてまとめる。
29	資料を貸し出す場合は「貸し出しガイド」を利用する。	○ P.083	貸し出す資料の代わりに、資料が収められていた場所に貸し出しガイドを差しておく。
30	名刺の量が多い場合には一覧性のある「名刺整理簿」で名刺を整理する。	✗ P.087	名刺の量が多い場合は出し入れや追加・差し替えが楽な「名刺整理箱」で整理する。
31 頻出	名刺整理箱での名刺管理では、取り出した名刺は元にあった場所に戻さず、ガイドのすぐ後ろに入れる。	○ P.086	新しくもらった名刺や、頻繁に見る名刺は前、使わない名刺は後ろになる。
32	アンケートの返信用には「料金受取人払」を利用する。	○ P.075	アンケートの返信などには、受取人が受け取った分の郵便料金を支払う「料金受取人払」を利用するのが便利。

> 郵便の知識や名刺・雑誌・カタログの整理法は出題されることが多いのでしっかり覚えましょう。ファイリング用語はテキストのイラストも要チェック。

問題 / 解答

33 【頻出】 新聞や雑誌の切り抜きはＡ４判に統一し、１記事１枚とする。
○ 同じ**テーマ**なら１枚の台紙に小さい記事を複数貼ってもよい。
> P.091

34 旬刊とは10日ごとに発行される新聞・雑誌などのことである。
○ 旬刊以外に、毎月１回は月刊、２カ月に１度は隔月刊、四季ごとは季刊という。
> P.091

35 カタログは商品・製品別に分類し、総合カタログなど厚みのあるものは書棚に立てて整理する。
○ 薄いカタログは**内容別**に分類し、**ハンギングフォルダー**に入れて整理する。
> P.090

36 【頻出】 予定の変更があった場合は間違えないように、前の予定を消して新しい予定を記入する。
× 予定変更があった場合、前の予定も**わかる**ように**２本線で消す**。
> P.095

37 上司の私的な予定については記号などを使って予定表に記入する。
○ 青山様との個人的な宴会は「Ａ氏」などと記号で書く。
> P.095

38 上司と秘書が同室の場合には、向き合わないようにする。秘書の机は人の出入りが把握できる場所に配置する。
○
> P.099 このような配置が望ましい。

39 事務用品が不足すると仕事に支障が出るので、消耗品は予備を用意しておき、補充を怠らないようにする。
○ 備品の不具合や補修が必要かもチェックし、日付印の**日付が正しい**か、毎日確認することも行う。
> P.099

40 室温は、夏は25～28℃、冬は18～20℃に調整している。
○ 春・秋は22～23℃前後が適温。湿度は年間50～60％に保つようにする。
> P.098

7

マナー・接遇

	問題		解答	
01	前任上司と新任上司の仕事の仕方が違う場合は、新任上司の仕事の仕方に秘書が合わせる。	◯ >P.111	前任上司と仕事の仕方が違うのであれば、新任上司の仕事の仕方を早く理解し、秘書が合わせることが大事。
02	2人の上司の秘書をする場合は、両者に対して公平に対応し、それぞれの上司の仕事の仕方に合わせる。	◯ >P.111	両者の人物評価やうわさ話もしないようにする。
03	上司に報告するときは5W2Hなどで要点を整理し、正確に伝える。	◯ >P.119	相手が理解しているかどうか、相手の反応を見ながら話をする。
04	話を聞くときは、疑問点があれば途中でも質問をし、相手の話を理解するよう努める。	✕ >P.115	途中で話をさえぎらず、最後まで聞く。相づちを打つなど相手の話を引き出す。
05 頻出	相手の要望に応じられないときは「クッション言葉」を挟むと会話が和らげられる。	◯ >P.107	要望に応じられないときは、「申し訳ございませんが」「あいにくですが」などのクッション言葉を挟む。
06 頻出	受付でお客様にお待ちいただくときは「ここでお待ちください」と言う。	✕ >P.106	「ここで」を「こちらで」と言い換える。接遇用語を身につけることが大切である。
07 頻出	何か依頼するときには「お差し支えなければ」というクッション言葉を挟む。	◯ >P.107	「お差し支えなければ」「ご面倒ですが」「ご迷惑をおかけいたしますが」など、クッション言葉を挟む。
08	相手の話に同意できないときは、相づちを打たない。	✕ >P.115	同意できないときは、「それはどうでしょうか?」「そうは思いません」「賛同しかねます」など、疑問や反対の意を表す相づちを打つ。

> 敬語は記述問題でも出題されます。
> 二重敬語や、尊敬語と謙譲語の混同に注意しましょう。

問題 / **解答**

#	問題	正誤	解答
09 頻出	お客様に上司について話をするときは、名前を呼び捨てにする。	○ P.103	お客様に内部の者について話をするときは謙譲語を使い、上司でも呼び捨てにするか役職に名字をつけて呼ぶ。
10	社内の身内（奥さまなど）に対しては、敬語を使う。	○ P.103	本人が社内の者でも社内の身内に対しては敬語を使う。「田中部長（さん）は外出されました」など。
11 頻出	お客様が来社したので「お客様がおいでになられました」と上司に伝えた。	× P.103	「来る」の尊敬語「おいでになる」に「〜られる」をつけた二重敬語。「お客様がおいでになりました」と言う。
12	報告は上司の都合を考えてタイミングよく行う。ただし上司が気にかけている報告や、悪い結果はすぐに知らせる。	○ P.118	報告するときは「ご報告したいことがありますが、お時間よろしいでしょうか」などと尋ねる。
13	後輩を注意・忠告する場合は、ほかの人も同じ注意をしないで済むように、ほかの後輩の前で行う。	× P.122	注意・忠告をするときは、人前では話さず1対1で話す。
14	相手の依頼や申し出を断るときには、明確に「ノー」だとわかるように返事をする。	○ P.126	相手が都合のよい解釈をして期待してしまわないように、明確に「ノー」と言う。
15	相手の依頼や申し出を断るときには、クッション言葉に肯定表現で否定を表す。	○ P.126	「申し訳ございませんが、お受けいたしかねます」「残念ですが、お引き受けいたしかねます」など。
16 頻出	お客様に対して「受付で伺ってください」という言葉づかいをした。	× P.103	「伺う」は「聞く・尋ねる」の謙譲語。お客様に対しては「受付でお聞きになって（お尋ね）ください」と言う。

マナー・接遇

	問題		解答
17	上司が外出中の電話は、伝言メモを残すだけでなく口頭でも伝える。	◯ ▶P.131	メモを残すだけでなく「外出中に〇〇様からお電話がありました」などと口頭でも報告する。
18 頻出	携帯電話などで相手の声が聞き取りにくいときは「大きな声でお願いします」と伝える。	✕ ▶P.131	電話が聞き取りにくいときは「お電話が遠いようですが」と相手に聞き取りにくいことを伝える。
19	上司が不在中、上司と連絡をとりたいと言われたので、上司の携帯電話の番号を教えた。	✕ ▶P.131	上司の携帯電話番号は教えてはいけない。先方の連絡先を聞き、「こちらから連絡いたします」と言う。
20	約束（アポイントメント）なしの来客は、上司の在否は言わずに会社名、氏名、用件、紹介者の有無を尋ね、上司に取り次ぐ。	◯ ▶P.135	約束のない来客でも丁寧に対応する。上司の在、不在はふせておく。
21 頻出	約束のない来客で、転任や着任のあいさつの場合は、上司に取り次ぐ。	◯ ▶P.134	儀礼的で時間がかからない転任や着任のあいさつは、約束がなくても上司（不在の場合は代理の者）に取り次ぐ。
22	寄付や広告セールスなど歓迎しない来客の場合、上司と対処法を相談しておく。	◯ ▶P.135	担当部署に対応を任せるなど、事前に対処法を相談しておく。
23	紹介状を持参した来客は、取り次ぐかどうか上司に確認する。	◯ ▶P.135	紹介者から連絡が入っている場合は上司に取り次ぐ。連絡が入っていない場合は待ってもらい、上司に確認する。
24	上司が外出中にかかってきた電話は、帰社時間を伝え、戻り次第こちらから折り返し電話をかける。	✕ ▶P.131	こちらから折り返し電話をかけるか、相手からかけ直してもらうかは、相手の意向を尋ねる。

> 状況に応じた接客応対、上司に取り次ぐ場合と、取り次がない場合の違いをしっかりと覚えましょう。

問題 / 解答

#	問題	解答	解説
25 頻出	来客を応接室に案内するときは上座に座ってもらう。	○	上座はソファー席で、ドアから一番遠い位置が最上席。 >P.138
26 頻出	車では運転手がいる場合とオーナードライバーが運転する場合、席次は変わる。	○	運転手がいる場合、**運転手の後ろ**の席が上座。オーナードライバーが運転する場合は、**助手席**が上座。 >P.139
27	お茶を出すときは、茶たくの上にお茶碗をのせてお盆で運ぶ。	×	茶たくと茶碗を別にしてお盆にのせ、お盆をサイドテーブルに置き、茶たくに茶碗をのせて両手でお茶を出す。 >P.139
28	招待状に「平服」と書いてあれば、カジュアルな服装でも構わない。	×	「平服でお越しください」とは**普段着**のことではない。男性は**ダークスーツ**。女性は**スーツやワンピース**を着用する。 >P.146
29	上司の息子の披露宴で手伝うとき、正装の必要はないが、雰囲気に合わせた配慮が必要である。	○	具体的には、ワンピースに**コサージュ**をつけて**華やかさ**を出すようなものがよい。 >P.146
30 頻出	古希とは70歳のお祝いのことである。	○	長寿のお祝いは、**還暦**満60歳、**古希**70歳、**傘寿**80歳、**米寿**88歳、**卒寿**90歳、**白寿**99歳。 >P.147
31	ランチョン・パーティーとは正式な昼食会のことである。	○	正午から午後2時ごろまでの正式な昼食会。 >P.147
32	来客の名前を尋ねるときは「何というお名前ですか」という。	×	「失礼ですが、どちら様でいらっしゃいますか」が正しい。 >P.107

記述問題で上書きを書く場合もあります。
漢字の間違いなど、ケアレスミスに気をつけましょう。

	問題	解答
33 頻出	葬儀・告別式では女性は黒ワンピースかスーツ。アクセサリーは一連の真珠のネックレス、結婚指輪のみにする。	○ 靴やバッグは光沢のない黒。ストッキングも黒にする。 ▶P.151
34	上司の代理で葬儀に参列する場合は、受付で上司の代理であることや上司が参列できない理由を伝える。	× 上司の代理であることや上司が参列できない理由は**言わない**。記帳は**上司名**を書き、下に**代**と添える。 ▶P.154
35	上司の家族の葬儀で受付を手伝う場合、香典を出す必要はない。	× 日ごろお世話になっている上司の家族の葬儀なので**お香典**を出し、**記帳**する。 ▶P.155
36	会葬者とは、葬儀に参列する人のことである。	○ 会葬とは、葬儀に**参列**すること。 ▶P.155
37 頻出	水引とは祝儀袋などにかけるひものことで、お祝いの水引は必ず「蝶結び」である。	× 水引には「**蝶結び**」と「**結び切り**」がある。**一度きり**のほうがよいお祝いには「結び切り」を使う。 ▶P.143
38 頻出	「御霊前」は、宗教に関係なく弔事の際に使われる上書きである。	○ 仏式の場合は「**お香典**」、神式は「**御玉串料**」「**御神前**」、キリスト教式は「**お花料**」でも可。 ▶P.144
39	お祝い（現金）を数人分まとめて贈るときは、祝儀袋の連名は3名までとし、左側から順に上位者の名前を書く。	× 連名の場合は**3名**までとし、**右側**から順に上位者を書く。 ▶P.143
40	転勤する人への贈答の上書きは「粗品」にする。	× 転勤する人へ贈答の上書きは「**御餞別**」。栄転の場合のみ「**御祝**」とする。 ▶P.144

職務知識

	問題	解答	
01	上司の主たる仕事は経営管理で、企業の業績を上げる役割がある。	○	上司は**意思決定**や経営管理を行う**ライン機能**である。>P.158
02 頻出	秘書は上司を補佐するライン機能である。	×	**業績**に結びつく仕事（ライン）を補佐するのがスタッフ。秘書は**雑務**を処理し、上司の補佐をする**スタッフ機能**。>P.158
03 頻出	秘書は上司に代わり決裁書類や稟議書などに押印することができる。	×	秘書が上司に代わって決裁書類や稟議書などに押印することは**越権行為**にあたる。>P.162
04	秘書は上司に代わって来客応対はできない。	○	伝言を預かることや、代理の者に取り次ぐのはよいが、来客応対はできない。>P.162
05	秘書は、上司に相談せず勝手にスケジュールを変更できない。	○	上司の**確認**を得てからスケジュールを変更する。**仮予約**や**保留**なら構わない。>P.162
06	秘書が上司に対して忠告や意見を言うことはないが、会社にプラスになる場合は認められる。	○	健康・食事・服装については、失礼にならない範囲で進言してもよい。>P.163
07	上司から人物評価を求められたら、よい面を中心に話すようにする。	○	「私の**知る限り**では…」「あくまでも私の**感想**ですが…」という言い方をする。>P.163
08	上司のミスに気がつき、仕事に悪影響を及ぼしそうなときは、指摘ではなく確認する。	○	「～でよろしいでしょうか」という言い方をする。>P.163

> 上司と秘書の機能と役割の違いを理解しましょう。
> 上司が本来の業務に専念できるように
> 補佐することが秘書の仕事です。

問題 / 解答

09 頻出
問題：予定外の来客には上司の在、不在は告げずに、用件を確認する。
解答：○ 予定外の来客には上司の**在**、**不在**はふせて用件を確認する。上司に**面会するかどうか**確認後、来客に返事をする。
>P.167

10
問題：上司に急な出張が入ったときは、上司の指示に従い、相手や関係者に変更依頼をする。
解答：○ 急な出張が入ったときは、上司の指示に従い関係者に**変更依頼**をし、**スケジュール調整**をする。
>P.167

11
問題：他部署の上司から手伝いを頼まれた場合、手があいていたらすぐに手伝う。
解答：× 上司の了承を得てから手伝う。良好な人間関係を作るためには、他部署の社員とも協力することは大切である。
>P.167

12
問題：上司宛てにお中元・お歳暮が届いたときには、お礼状を出したあとに報告する。
解答：○ お中元やお歳暮のお礼状は「定型業務」なので上司の**指示がなくても**秘書が礼状を出す。出したら上司に**報告**する。
>P.167

13 頻出
問題：上司にマスコミから取材依頼があったときは、取材内容を確認する。上司に報告し、承認を得た後に返事をする。
解答：○ 相手の**連絡先**、**希望日時**、取材**趣旨**、掲載号、写真の有無など確認する。
>P.167

14 頻出
問題：上司から「急がないから」と言われても、おおよその期限を聞くようにする。
解答：○ 「急がない」の期限について上司と秘書の考えが違う可能性があるので、おおよその期限は聞くようにする。
>P.170

15
問題：よく作成する文書は、基本となる形式を作成し、保存しておく。
解答：○ よく使う文書はフォーム化しておくことで、作成時間が短縮できる。
>P.171

16
問題：上司の急病に備えて、主治医の連絡先や健康保険番号を控えておく。
解答：○ 上司が急病になったら、上司の**主治医**や**家族**に連絡する。場合によっては応急手当などもする。
>P.167

必要とされる資質

	問題	解答	
01	上司の指示を正確に受けるため、メモをとっている。	○ P.175	メモをとりながら、内容を最後までしっかり聞くようにする。
02 頻出	機密事項とは、人事や組織体制の変更など、企業内のことであり、上司の家族に関することまでは含まれない。	× P.175	企業情報だけでなく、上司の行動・プライバシー・健康状態・家族に関する情報なども含まれる。
03 頻出	取り次がないようにという指示通り、転任のあいさつに来た取引先の人を取り次がなかった。	× P.183	取り次がない指示でも取引先の人の転任、着任のあいさつは短時間で済むことなので取り次ぐ。
04 頻出	上司の補佐は上司の身の回りの世話を含め、上司が業務に専念できるように効率よく雑務を処理する。	○ P.179	上司の個人的な雑務も、上司が本来の仕事に専念できるように補佐する。
05	上司のミスを発見したら、ミスを指摘するのではなく確認する。	○ P.179	「私の聞き違いではないかと思いますので、確認させていただきたいのですが」というような言い方をする。
06	上司あっての秘書であることから目立つ行動は慎んでいる。	○ P.179	上司の補佐役として裏方に徹する心構えが必要である。
07	自分がミスをしたときは、まずわびて上司の指示を仰ぐ。	○ P.179	同じミスをしないように対策を立てる。仮に自分に責任がなくてもすぐに謝罪し、必要なら時機をみて事実を告げる。
08	上司の指示や命令を上司の部下に伝えるときは、言葉づかいや態度に注意する。	○ P.187	あくまでも上司の部下であって、秘書の部下ではないので、言葉づかいや態度には十分な注意が必要である。

15

> どのようなことが機密事項なのか、しっかり理解しましょう。
> 知っていても「知る立場にない」と言います。

	問題		解答
09 頻出	機密を守るために、社内の人との交流は控えるようにする。	✕ >P.175	機密を守るために社内外の人との**交流**を狭めたりする必要はない。
10 頻出	上司の出張先も機密事項になるので、外出先などで話さないようにする。	〇 >P.175	上司の**行き先**や**出張先**、**上司の家族**や**健康**に関する情報など**プライベート**情報も機密事項。外部にもらさない。
11 頻出	上司が急な用事で「後はよろしく頼む」と言って外出したときは、予約客に電話をかけ、面談はできなくなったと断る。	✕ >P.186	面会予約のある客に電話し、丁寧に**おわび**する。理由は**急用**のためとする。相手の次回希望日を聞き、相手の**都合**を**優先**する。
12	秘書の身だしなみとして、靴は動きやすいローファーにする。	✕ >P.174	ローファーは**カジュアル**すぎるので秘書の身だしなみには**不向き**。動きやすくシンプルな**中ヒール**を履く。
13	秘書の身だしなみとして、化粧は明るく健康的なナチュラルメークにする。	〇 >P.174	秘書の印象が**会社**や**上司**の印象になるため、**ノーメイク**は不適切。
14	「取り次がない」指示はあったが、紹介状を持ったお客様の来訪は取り次いだ。	〇 >P.183	上司の上役からの呼び出しや恩師・友人の来訪、事故や社内問題発生などの緊急事態は取り次ぐ。
15 頻出	機密事項を尋ねられたら、「知っているが教えられない」とはっきりと言う。	✕ >P.175	機密事項を尋ねられ、仮に知っていても「**知る立場にない**」とはっきりと言う。
16	仕事ができて優秀であれば、体調を崩して急な休みをとっても構わない。	✕ >P.178	遅刻や体調不良で急に休みをとると周りに迷惑をかけてしまうことは、仕事の優秀さとは無関係。

16

別冊 試験直前の最終チェック!!
一問一答問題集

矢印の方向に引くと取りはずして使えます